"十四五"职业教育国家规划教材

职业教育电子商务专业 系列教材

直播电商基础

（第2版）

主 编／彭 军 冯子川

副主编／钟雪梅 王 菲 周一平

参 编／（排名不分先后）

　　　　张国兰 李 颖 黄师伦 关春凤

　　　　梁晶晶 袁 霞 许 刚

重庆大学出版社

内容提要

本书围绕直播电商新业态发展趋势组织编写，采用"项目→任务→活动"的编写体例，内容包括7个项目：积累直播电商知识、策划直播电商项目、筹备直播电商工作、实施直播电商活动、扩大直播电商影响、复盘直播电商数据和规范直播电商行为。党的二十大报告指出，要全面推进乡村振兴，本书结合国家乡村振兴战略规划将扶贫助农项目融入教材中，由浅入深地融入直播电商的理论知识和技能要求，培养具备社会主义核心价值观的高素质直播电商人才。

本书可作为职业院校电子商务专业、直播电商服务专业、市场营销专业等商贸相关专业学生的教材，也可作为现代服务业相关专业学生的辅助教材，还可作为企事业单位从事直播电商人员的参考用书或电子商务爱好人士的读物。

图书在版编目（CIP）数据

直播电商基础 / 彭军，冯子川主编. --2版. --重庆：重庆大学出版社，2022.6（2025.7重印）
职业教育电子商务专业系列教材
ISBN 978-7-5689-2966-0

Ⅰ.①直… Ⅱ.①彭…②冯… Ⅲ.①网络营销—职业教育—教材 Ⅳ.①F713.365.2

中国版本图书馆CIP数据核字（2022）第056022号

职业教育电子商务专业系列教材

直播电商基础（第2版）
ZHIBO DIANSHANG JICHU
主　编　彭　军　冯子川
副主编　钟雪梅　王　菲　周一平
策划编辑：王海琼
责任编辑：王海琼　　版式设计：王海琼
责任校对：谢　芳　　责任印制：赵　晟
＊
重庆大学出版社出版发行
出版人：陈晓阳
社址：重庆市沙坪坝区大学城西路21号
邮编：401331
电话：（023）88617190　88617185（中小学）
传真：（023）88617186　88617166
网址：http://www.cqup.com.cn
邮箱：fxk@cqup.com.cn（营销中心）
全国新华书店经销
重庆升光电力印务有限公司印刷
＊
开本：787mm×1092mm　1/16　印张：13.25　字数：324千
2021年10月第1版　2022年6月第2版　2025年7月第9次印刷
印数：39 001—49 000
ISBN 978-7-5689-2966-0　　定价：49.00元

编写人员名单

主　编　彭　军　中山市沙溪理工学校

　　　　冯子川　中山市沙溪理工学校

副主编　钟雪梅　中山市沙溪理工学校

　　　　王　菲　珠海市第一中等职业学校

　　　　周一平　中山市沙溪理工学校

参　　编（排名不分先后）

　　　　张国兰　开平市吴汉良理工学校

　　　　李　颖　广州市信息技术职业学校

　　　　黄师伦　广东省旅游职业技术学校

　　　　关春凤　开平市机电中等职业技术学校

　　　　梁晶晶　东莞市商业学校

　　　　袁　霞　中山市中等专业学校

　　　　许　刚　中山市买它网络科技有限公司

习近平总书记强调，要全面贯彻落实党的二十大精神，举全党全社会之力全面推进乡村振兴。"直播电商基础"是基于直播电商新业态发展趋势组织编写的新型教材，以直播电商运营全流程为主线，结合国家乡村振兴战略规划和产业转型升级的要求，将助农助企项目融入教材中，旨在培养具备社会主义核心价值观的高素质直播电商人才。

本教材自第1版出版以来，受到全国各地读者广泛的好评，也收到不少读者和教师宝贵的建议和意见，为此对第1版教材进行了修订。

本次修订基本上保持第1版的体例格式和知识体系，修订的内容主要集中在以下方面：

1. 本次修订以"立德树人"为导向，在教学目标上添加思政素养目标，结合助农助企项目背景，增加思政案例如钟南山院士公益带货等，将思想政治教育融入教学内容中。

2. 基于全国职业院校技能大赛"电子商务技能"赛项的评分细则，结合1+X直播电商证书和1+X数据分析证书的知识清单，本次修订优化了教材项目4和项目6的知识，实现岗课赛证融通，增强专业自信，培养高技能人才。

3. 对接2020年国家人社部发布的新职业"互联网营销师"下增设的"直播销售员"的职业标准，本次修订更新了教材项目3直播选品知识。

4. 本次修订更新了已过时和缺乏正导向的案例和图片，融入具有正能量的案例素材。党的二十大报告指出，要坚持常态化、长效化的党史学习，筑牢忠诚干净担当的思想根基，因此在项目四增加了"党史入驻直播间"实训活动，传承红色基因。

5. 在排版方面，本次修订优化了案例排版，提升阅读质量，提高学习效率。

6. 本次修订调整了编写团队，增加思政导师和企业导师。由冯子川负责收集思政资源，结合思政目标将思政素材融入教学内容中，由许刚负责将直播电商企业真实工作提炼出来作为实训项目，辅以必要的理实一体化作业，提升学生的思想政治素质和综合竞争力。

本书的配套资料更新如下：

◇任务活动添加了新的素材图片、源文件和发布文件。

◇每个项目根据内容的修订更新了教学设计和多媒体演示课件。

◇项目检测添加了新题，配套参考答案。

◇增加了二维码课后拓展阅读资源。

本书的配套资料可在重庆大学出版社的资源网站（www.cqup.com.cn）上下载。

本书由彭军、冯子川担任主编并统筹编写，由钟雪梅、王菲和周一平担任副主编，协助完成审稿和配套教学资料的整合。项目1由周一平、彭军、冯子川编写；项目2由张国兰编写；项目3由钟雪梅、王菲编写；项目4由关春凤、李颖编写；项目5由梁晶晶编写；项目6由黄师伦编写；项目7由王菲、袁霞编写。中山市买它网络科技有限公司的许刚经理全程参与教材编写，负责完成直播岗位人才需求的市场调研,收集整理企业真实项目案例素材,以及协助构建教材的数字化教学资源库。

本书在修订过程中吸收了广大读者和教师的反馈信息,在此一并表示感谢。由于编者编写水平有限,书中错误和不妥之处在所难免,恳请读者不吝指教。

本书在修订过程中参阅、借鉴并引用了大量国内外有关直播电商相关的书刊资料和研究成果,浏览了许多相关网站,在此深表感谢。特别得到了重庆大学出版社、中山市十点钟文化传媒有限公司、中山市买它网络科技有限公司的大力支持和帮助,在此一并致以衷心的感谢!

联系邮箱:dzsw_142@126.com。

编 者

2022 年 3 月

近年来，随着 5G 技术的应用和移动互联网的普及，电子商务迎来了新的发展机遇，直播电商、社交电商、短视频营销等新商业模式快速崛起。直播电商作为直播与电商的有机融合物，由技术、媒介、平台、资本、企业和主播等因素协同驱动，正在向各行业和生活领域渗透，"直播带货"已成为新零售行业的重要一环，开始进入"全民直播"的时代。与此同时，2020 年，在我国脱贫攻坚和乡村振兴的大背景下，再加上受新冠疫情的影响，全国多地大力扶持直播电商产业，不断推出新政策、培育新业态，发展在线新经济，打造直播电商高地，大力发展"直播 + 生活服务业"，出现了一批直播电商平台、直播电商基地、MCN（Multi-Chanel Network，多频道网络）机构和直播服务机构。然而，繁荣的背后也有隐患，造假、欺诈等诸多问题开始显现。为了加强直播行业的监管，国家开始陆续出台相关法律法规来约束直播从业人员的行为。

本书围绕直播电商新业态发展趋势组织编写，内容包括 7 个项目：积累直播电商知识、策划直播电商项目、筹备直播电商工作、实施直播电商活动、扩大直播电商影响、复盘直播电商数据和规范直播电商行为。本书结合国家乡村振兴战略规划将扶贫助农项目融入教材中，由浅入深地融入直播电商的理论知识和技能要求，培养具备社会主义核心价值观的高素质直播电商人才。

本书具有以下特点：

1. 打破中职教材传统的编写模式，以"学生"为中心，采用"项目→任务→活动"的编写体例，通过项目模块→任务细分→活动巩固，由浅入深地融入直播电商的理论知识，并运用课后实训活动锻炼学生的实践技能。

2. 编写内容以项目为驱动，结合国家乡村振兴战略规划和产业转型升级要求将助农助企项目融入教学中，让学生熟悉国家发展政策，在真实的助农助企项目中"做中学，学中做"，激发学生学习的兴趣，培养学生团队合作能力，增强学生的爱国主义情怀，培养学生奉献精神。

3. 在任务活动难度的编排上，遵循了先易后难的原则，先从简单的课堂活动引出相关理论知识，再通过活动实施巩固理论知识，最后进行综合的合作实训提升学生的实践能力。

4. 以校企合作的项目任务作为情境，把电商企业真实的直播项目提炼出来作为实训项目，辅以必要的理实一体化作业，帮助学生提升综合竞争力。

5. 重视"面向人人、面向社会"的职业教育特点，设计思政素养目标，以"乡村振兴，技能助农"为思政主线，根据每个项目的内容特点设计了增强专业自信、积累专业智慧、培养工作态度、提升社交素养、树立敬业精神、加强法律意识等思政素养目标。

本书的每个项目设计 2~4 个任务，每个任务安排若干个活动。项目的基本结构如下：

【项目综述】简述本项目要完成的具体任务及涉及的相关知识点。

【情境设计】依据真实的学习状况和公司动态设定情境。

【课前引入】通过案例或问答题进行课前引入，理论学习由浅入深。

【知识窗】完成任务所需要的直播电商相关的理论知识。

【活动实施】任务分解成若干个具体的课堂活动，分步骤指导学生完成活动。

【合作实训】为巩固学生的基础知识和培养学生团队合作能力进行综合实训项目。

【项目总结】启发学生对本项目所涉及的知识和技能进行回顾和总结。

【项目检测】帮助学生思考、理解和消化本项目的知识点。

当读者系统学习本书之后，可以较为全面地了解直播电商发展的新业态和新技术，并掌握直播电商运营全过程所需的运营技能和营销推广技能，加强自身职业修养和法律责任意识，提升创新创业的能力。

为了方便教学，编者为读者提供了如下资料：

◇任务活动所需的素材图片、源文件和发布文件。

◇每个项目教学设计和多媒体演示课件。

◇项目检测习题的参考答案。

◇课后拓展阅读。

本书的配套资料可在重庆大学出版社的资源网站（www.cqup.com.cn）上下载。

本书由彭军、冯子川担任主编并统筹编写，由钟雪梅、王菲和周一平担任副主编，协助完成审稿和配套教学资料的整合。项目1由周一平、彭军编写；项目2由张国兰编写；项目3由钟雪梅、王菲编写；项目4由关春凤、李颖编写；项目5由梁晶晶编写；项目6由黄师伦编写；项目7由王菲、袁霞编写。

本书在编写过程中，参阅、借鉴并引用了大量国内外有关直播电商相关的书刊资料和研究成果，浏览了许多相关网站，在此深表感谢。特别得到了重庆大学出版社、中山市十点钟文化传媒有限公司、中山市买它网络科技有限公司的大力支持和帮助，在此一并致以衷心的感谢！

本书可作为职业院校的电子商务专业、直播电商服务专业、市场营销专业等财经商贸类相关专业学生的教材，也可作为现代服务业相关专业学生的辅助教材，还可作为企事业单位从事直播电商人员的参考用书或电子商务爱好人士的读物。

由于编者编写水平有限，书中不妥之处在所难免，恳请读者不吝指教。

联系邮箱：dzsw_142@126.com。

编　者
2021年6月

▏▎▎▍ 项目4 实施篇：实施直播电商活动

参考文献

项目 1
基础篇：积累直播电商知识

项目综述

2016年，网络直播大潮以迅雷不及掩耳之势迅速崛起，成为2016年最火的互联网"风口"之一。随着技术的发展，直播行业迎来了新的发展机遇，直播电商、"直播+"等新商业模式快速崛起，"直播+电商"备受行业关注，"直播带货"已成为新零售行业的重要一环。

中国互联网络信息中心（CNNIC）发布第53次《中国互联网发展状况统计报告》显示，截至2023年12月，我国网络直播用户规模达8.16亿，较2022年12月增长6 501万，占网民整体的74.7%。其中，电商直播用户规模为5.97亿，较2022年12月增长8 267万，占网民整体的54.7%；以电商直播为代表的网络直播行业正实现蓬勃发展。

张宝、黄东、林多和袁讯是电商专业二年级学生，经过一年的专业学习，他们对从事电商工作充满着期待和向往。恰逢学校校企合作单位十点钟文化传媒工作室面向校园招聘直播团队，张宝他们对电商新营销模式——直播非常感兴趣，希望通过自己的努力能够加入企业的直播队伍，因此他们需要提前了解直播电商的基础知识。

项目目标

通过本项目的学习，应达到的具体目标如下：

知识目标
◇掌握直播电商的概念和特点
◇了解直播电商的发展历程
◇熟悉常见的直播电商平台
◇了解直播电商的岗位设置

能力目标
◇熟练利用互联网搜集资料
◇掌握市场调研的方法

素质目标
◇提高学生团体合作意识
◇培养学生与时俱进的创新精神
◇提高学生对国家乡村振兴战略的认可度
◇树立专业就业和创业自信心

▣ 项目思维导图

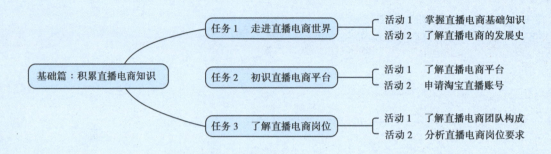

任务1 ⟫⟫⟫⟫⟫⟫
走进直播电商世界

情境设计

张宝、黄东、林多和袁讯得知十点钟文化传媒工作室正在校园内招聘直播电商团队成员，经过一年专业学习的张宝他们积累了不少网络营销的基础知识，他们熟悉电商的传统网络营销工具，且对新的电商直播营销模式非常感兴趣，希望能加入直播团队。为了在招聘面试中能够脱颖而出，张宝等同学在学校指导老师的引导下组成了一个学习小组，借助网络来进行学习，积累直播电商基础知识。

任务分解

为成功加入十点钟文化传媒工作室的直播团队，张宝等同学在学校指导老师的引导下需要先利用互联网的搜索引擎工具来掌握直播电商的概念与特点，系统了解直播电商的发展历程，同时还需要了解直播电商的岗位设置并进行职业定位，为自身的职业规划打好基础。

活动 1　掌握直播电商基础知识

活动背景

同学们在学校指导老师的带领下开始学习与直播电商相关的专业知识：直播电商的基本概念、特点和优势，然后通过课后活动巩固知识。

课前引入

根据下面的直播形式，请分享你曾听过或看过的直播活动，并在横线处写下直播内容：

（1）电台直播：_____

（2）电视直播：_____

（3）网络直播：_____

□ 知识窗

1. 直播电商的基本概念

（1）什么是直播

在互联网尚未普及之前，直播已在很多大众媒体出现，最为人所熟知的就是广播电视直播，而直播一词的定义最开始也是与广播电视媒体结合。《广播电视辞典》对直播的定义为"广播电视节目的后期合成、播出同时进行的播出方式"。

直播分为文字图片直播、语音直播和视频直播。

广播电视时代，多以语音或视频直播为主，如交通广播实时路况播报、电视《新闻联播》直播。网络时代，多以图文直播为主，如直播体育赛事、新闻现场报道。

移动互联网时代，文字图片、语音和视频皆可实现直播，图片直播平台有喔图闪传直播（见图1.1.1），语音直播平台有克拉克拉直播（见图1.1.2），视频直播平台有斗鱼直播（见图1.1.3）和快手直播（见图1.1.4）等。

图 1.1.1 喔图闪传直播

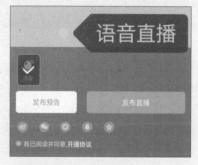
图 1.1.2 克拉克拉直播

图 1.1.3 斗鱼直播

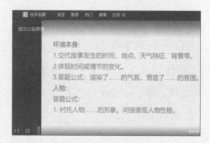
图 1.1.4 快手直播

（2）什么是直播电商

直播电商，简单来说就是直播和电商相结合，通过直播营销手段开展电商活动，直播是手段，营销是目的。

区别于泛娱乐直播，直播电商是一种购物方式，在法律上属于商业广告活动，主播根据具体行为还要承担"广告代言人""广告发布者"或"广告主"的责任。

2. 直播电商的类型

（1）按照直播形态不同分类

直播电商按照直播形态不同，可分为卖货型直播、场景引入型直播、教学型直播和供应链型直播四类。

- 卖货型直播：侧重考核销售数据，常见的有工厂秒杀、珠宝玉石、鞋服箱包、美妆护肤等。
- 场景引入型直播：以展示产品使用功能为主，常见的有运动健身、厨具、家居、家具等。
- 教学型直播：以课程教学内容为主，常见的有乐器类、教具类等。
- 供应链直播：以展示场地制作工艺为主，常见的有果园、水产、珍珠、户外等。

（2）按照直播产品来源不同分类

直播电商按照直播产品来源不同，可分为企业直播和达人直播两类。

- 企业直播：又叫商家自播（常见于淘宝、拼多多等平台）。商家自播依托自有品牌，直播产品主要为自家产品，用户多为品牌粉丝，关注品牌动态、新品。
- 达人直播（常见于淘宝、快手、抖音等平台）。达人主播依托自有粉丝，直播产品多样化，产品品类较为丰富，内容生产能力强，粉丝对主播信任度较高。

3. 直播电商的特点

与其他电商营销方式不同，直播电商具有以下特点（见图1.1.5）。

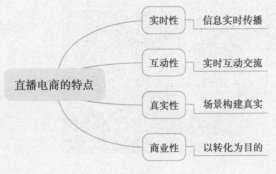

图1.1.5　直播电商的特点

（1）实时性

直播电商与其他电商营销方式最大的区别就是具有实时性，直播完全与交易事件的发生、发展同步。在以往的电商网购中，用户接触到的信息都是经过商家事先包装、美化的，而直播的出现使得信息不再滞后，可以实现实时传递。

（2）互动性

直播电商可实现实时互动，具有很强的互动性。在直播过程中，观众通过直播平台可以与主播或其他观众进行实时交流，出现问题时也可及时向主播或其他观众提问以了解更多。

另外，直播间的互动数据可以用于直播促销活动，如观众在直播间里参与互动答题可获得优惠券福利，实现互动和转化同步提升。

（3）真实性

直播电商营造的是一种开放性场景化的对话方式，主播实时分享自己的日常，除了表情、语言和动作外，还将所处的环境、氛围传递给观众，构建了接近日常对话的真实感，增加可信度。

（4）商业性

直播电商具有非常强烈的商业性质，它主要是商家为引导消费、促进销售的一种辅助手段，最终的目的是将观众的注意力转化为购买力，实现成交转化。

4. 直播电商的优势

直播电商之所以受到越来越多企业的青睐，主要是因为其具备以下优势（见图1.1.6）。

（1）信息优势

与传统电商营销方式相比，直播使得商品展现更直观，不再是承载效率低、阅读体验感差的图文形式，而是以更加立体、感性的方式展现信息，给观众更好的视觉体验，为观众提供"所见即所得"的真实体验感。

（2）内容优势

直播带货是消费行为娱乐化的表现，本质上是一种商品消费与内容消费相结合的新模式，这种新模式为网络购物带来了趣味性。

（3）信任优势

直播形式为网络购物注入了情感属性，能够建立主播与消费者之间的信任关系。主播在直播时开展观众喜欢的活动，通过内容输出来增强与消费者的情感联系，形成信任关系。

（4）供应链优势

直播电商往往具有明显的价格优势，这种价格差异源于直播电商的供应链优势。相比终端零售，直播电商供应链层级少，直接对接品牌方和大经销商，通常可以做到全网较低的独家折扣。

图 1.1.6　直播电商的优势

活动实施

🔍搜一搜　归纳、对比直播的表现形式。

步骤：通过互联网搜索不同表现形式的直播案例，将直播来源（网站或 App）、直播内容及优缺点填入表 1.1.1。

表 1.1.1　直播表现形式分析表

表现形式	直播来源	直播内容	优缺点
文字直播			
图片直播			
音频直播			
视频直播			

✎ 做一做　观摩知名主播的直播带货活动。

步骤：观看一场知名主播的直播带货活动，体验直播带货给你的感受，分析直播电商的优缺点并列举出来，填入表 1.1.2。

表 1.1.2 观摩直播体验报告表

直播平台	知名主播	带货产品	观看量	点赞量
主播的人物标签				
直播的优点				
直播的缺点				

活动 2 了解直播电商的发展史

活动背景

张宝等同学在学校指导老师的带领下开始学习直播电商,在上一个活动中他们已经了解了直播电商的概念以及特点与优势,接下来了解直播电商的产生背景、发展历程和现状。

课前引入

请你好好回忆一下,并与身边的同学讨论:

(1)你第一次接触直播电商是在什么时候?

(2)你第一次接触直播电商都包含哪些信息?

(3)你曾经在直播间买过商品吗?如果有,是因为什么让你产生了购买的想法与行动?

📖 知识窗

1. 直播电商的产生背景及兴起原因

直播电商从 2016 年起步到目前的爆发式增长,主要源于以下原因:

(1)直播技术的因素

直播技术的提升给观众和主播带来更好的使用体验,可以实现清晰流畅的画质、唯美的滤镜特效和百万人同时观看刷屏不卡顿,直播技术的发展为直播电商打造媲美线下购物的用户体验提供了更多可能。

(2)短视频平台的因素

短视频用户规模增长趋缓,直播成为短视频流量变现新模块。用户增长乏力促进抖音和快手等短视频平台加速商业化变现进程,其中,电商带货帮助短视频平台进一步刺激了用户消费,提升了用户价值,直播带货业务在短视频平台的比例和重要性逐步上升。

(3)电商平台的因素

传统电商流量红利逐渐消失,新媒介形式成为流量增量渠道。由于人口红利见顶与竞争环境恶化等因素的影响,平台网店获客难,成本逐年升高,行业处于争夺存量、制造增量以及寻求增长的时期。

直播一开始作为传统电商提高转化率的手段之一，类似团购与短视频，随着直播电商转化效果的凸显，其入口的优先级逐步提高。此外，电商平台能弥补内容平台变现时在供应链资源的欠缺，为直播电商蓬勃发展带来契机。

（4）用户的因素

近六成网民为直播电商受众，用户对直播电商接受度高。据 CNNIC 第 53 次《中国互联网发展状况统计报告》显示，截至 2023 年 12 月，我国电商直播用户规模为 5.97 亿，较 2022 年 12 月增长 8 267 万，占网民整体的 54.7%；以电商直播为代表的网络直播行业正实现蓬勃发展。

（5）直播电商自身的因素

直播电商的高社交性、互动性受到用户喜爱，用户对移动社交的热爱燃烧到购物领域，社交和互动成为新的诉求。据波士顿咨询公司（BCG）携手腾讯广告及腾讯洞察联合发布的《2020 中国社交零售白皮书》显示，社交媒体在中国的渗透率超过 97%，69% 的消费者在社交媒体上分享过网购链接。

在这样的背景下，直播电商通过提供强互动性、社交性和沉浸式的购物体验，迅速被用户接受和喜爱。据《淘宝直播年度报告》统计，淘宝 App 的月活跃用户数在 2023 年持续增长，其中 6 月日均活跃用户数（DAU）达到了 4.02 亿，庞大的直播用户体量成为直播电商发展和变现的基础和动力。

（6）MCN 机构推动的因素

MCN（Multi-Channel Network）模式源于国外成熟的网红经济运作，其本质是一个多频道网络的产品形态，将 PGC（专业生产内容）联合起来，在资本的有力支持下，保障内容的持续输出，从而最终实现商业的稳定变现。通俗易懂地说，就相当于明星和经纪人。

2017 年，国内 MCN 经历了爆发式增长，从 MCN 倾向的营销来看，58% 的 MCN 机构选择直播，随着各平台头部带货主播的异军突起，又继续推动直播电商兴起。

2. 直播电商的发展历程

直播从 20 世纪 90 年代产生，经历了一系列的发展阶段，从 2016 年的直播电商元年开始又经历了一系列的迅猛发展，具体经历见表 1.1.3。

表 1.1.3　中国直播电商的发展历程

2016 年（萌芽期）	2017 年（起步期）	2018 年（成长期）	2019 年至今（爆发期）
• 电商平台与短视频平台陆续上线直播功能； • 短视频平台开始进行电商、付费等多种商业模式的尝试。	• 主播身份多元化，从明星网红向素人拓宽转移； • 直播品类多元化； • 行业角色分化，MCN 机构出现。	• 直播频道在各内嵌平台的重要性逐渐上升； • 各大平台转型并推出"内容补贴"战略，扶持内容创作； • 内容平台建设自有供货平台。	• 行业进入爆发期，交易额高涨，电商直播标配化； • 主播的身份更加多元化； • 精细化运营，供应链建设得以强化。

续表

2016 年（萌芽期）	2017 年（起步期）	2018 年（成长期）	2019 年至今（爆发期）
1 月：快手上线直播功能； 3 月：淘宝直播试运营；蘑菇街推出直播电商； 5 月：正式推出淘宝直播平台； 9 月：京东上线直播。	7 月：苏宁 App 正式上线直播功能； 11 月：抖音上线直播功能； 11 月：淘宝直播单日直播场次规模上万，单日累计观看破亿。	3 月：亚马逊开始尝试网络直播服务；抖音正式试水直播电商，开始在大账号中添加购物车链接； 6 月：快手与有赞合作推出"短视频电商导购"，并新增快手小店，同时推出"魔筷 TV"小程序； 8 月：京东时尚在"京星计划"中推动直播带货。	4 月：微信试运营直播电商； 5 月：拼多多与快手完成后台系统打通； 5 月：蘑菇街建立第一个全球美妆供应链池； 7 月：京东宣布至少投入 10 亿资源，孵化不超过五名超级红人； 8 月：网易考拉上线直播功能； 11 月：天猫"双 11"淘宝直播引导成交额近 200 亿； 2020 年 2 月：小红书上线直播。

3. 直播电商的发展现状

2019 年作为直播电商的爆发增长年，直播与传统行业进行了恰到好处的结合，出现了"直播 +"经济。其中，直播 + 电商、直播 + 旅游、直播 + 体育、直播 + 社交、直播 + 电竞等成为直播尝试的新发展方向，"直播 + 电商"的渗透率正在迅速提升，直播已成为商家越来越重要的销售渠道，渗透到消费者的日常生活。

2020 年 2 月至 3 月中旬，阿里巴巴旗下旅游平台飞猪连续推出约 7 500 场直播，观看人次超 3 000 万，直播旅游的区域覆盖全球 30 多个国家和地区。云赏樱、云看展、云看动物、云踏青等新的生活方式，既让消费者足不出户感受春意，也为旅游商家回暖复苏积蓄力量。

随着疫情的解封，2023 年中国直播行业市场规模突破 2 000 亿元人民币，营收规模达 2 095 亿元人民币，较 2022 年增长 5.15%。这一增长反映了直播在文旅领域的强劲势头和广泛的市场需求。以黑龙江省为例，数字时代的"网红"黑龙江，得到各大平台和网络内容创作者的积极响应，掀起"跟着视频去旅行，出行就到黑龙江"的旅游热潮。

随着居民消费观念的转变和消费需求的提升，我国直播电商行业依旧会继续保持增长趋势，未来将会向高质量、高品质的方向发展，呈现品种增多、消费多元化等新趋势。

活动实施

🔍 **搜一搜** 利用互联网搜索国内外直播电商的发展现状，并对比分析不同之处。

（1）直播电商在我国得到迅猛发展的原因主要有哪些？

_____

_____

（2）国外直播电商的发展情况是怎样的？

_____

_____

（3）对比分析国内和国外直播电商的发展现状。

_____

_____

🎤 **说一说**　直播电商的未来发展趋势。

> 步骤 1：4 人为一组，通过网络探索，分析直播电商未来的发展趋势，将结果填入横线处；
> 步骤 2：找出一则技术较为前沿的直播案例，分析其特点和优势；
> 步骤 3：将搜索结果填入下面横线处，完成后派一名代表分享小组观点。

（1）直播电商未来发展趋势：_____

（2）直播案例：_____

特点和优势：_____

※ 活动评价 ※

　　张宝及其小组成员通过理论学习和实训活动基本掌握了直播电商的基础知识以及发展情况，通过小组任务也让小组成员之间更加了解，小组合作的意识得到提升，沟通分享的能力得到强化，学习的积极性和效率得到提高。

拓展阅读：世界直播电商大会

任务2 〉〉〉〉〉〉〉
初识直播电商平台

情境设计

　　经过任务 1 的学习，张宝他们已经掌握了直播电商的概念和发展历程，对直播电商有了初步的认知，同时了解了直播电商未来的发展趋势，对专业发展充满信心，接下来将进一步接触直播电商平台。

任务分解

　　为充实自己的知识储备，提高加入直播团队的竞争力，同学们在本次任务中需要了解主要的直播电商平台类型以及申请直播账号的方法。

活动 1　了解直播电商平台

活动背景

张宝等同学在学校指导老师的带领下开始接触直播电商平台：直播电商有哪些主要的平台、各平台的特点和优势有哪些，最后通过课后活动巩固知识。

课前引入

随着移动互联网和 5G 的发展，新兴终端与技术提高了直播的便捷性，大幅降低了使用门槛，大批直播平台涌现。请根据自身了解情况回答下面的问题：

（1）你了解的直播平台有哪些? 列出不少于 3 个。

直播平台：_____

（2）从你列出的直播平台中，选择 2 个，进行对比分析。分析包含：

● 主打：一句话总结该直播平台主打什么。

● 内容：内容上有何特点。

● 功能：功能上有何特点和差异。

● 评价：你对这 2 个直播平台的评价。

请分享你曾听过或看过的直播平台，完成表 1.2.1。

表 1.2.1　直播平台调查表

直播平台		
主打		
内容		
功能		
评价		

🔲 知识窗

1. 直播电商平台的分类

随着直播技术的进步，各行业开始入驻直播，其中电商行业走在最前列。直播电商已成为一种常态，按照直播平台属性不同，直播电商平台主要分为两大类：

一类是以"电商"为主的直播平台，主体是电商平台。这类平台以淘宝为首，主要是通过在电商平台上开通直播间，引入内容创作者，直播类型是以电商为主，直播为辅。

另一类是以"内容"为主的直播平台，主体是内容平台。这类平台以抖音和快手为主，主要是通过接入第三方电商平台来布局"直播＋电商"的运营模式，直播类型是以内容为主，电商为辅。

2. 直播电商平台的介绍

（1）以"电商"为主的直播平台——淘宝直播

淘宝直播

图 1.2.1 淘宝直播

2016 年 5 月，淘宝直播（见图 1.2.1）品牌正式发布，淘宝直播是阿里巴巴推出的直播平台，定位于"消费类直播"，用户可边看边买，最早的用户人群主要为女性，涵盖的范畴包括母婴、美妆等。伴随着"淘宝直播"平台的上线，内容生产者、达人、网红店主、ISV（英文全称是 Independent Software Vendors，意为"独立软件开发商"）的积极参与，"内容＋电商＋服务"新生态出现了前所未有的活力。

淘宝直播第一批主播其实都是来自淘宝生态体系内部，前期基本都是从淘女郎转化而来。在 2016 年 3 月平台内测期间，淘宝官方主动邀请了一批形象气质佳、粉丝数量高、具有较强带货能力的淘女郎到淘宝总部进行直播培训，部分带货能力强的淘女郎在此期间也开始陆续入驻淘宝直播。

2020 年 2 月 11 日，淘宝直播宣布：所有线下商家都能零门槛、免费开播，甚至没有淘宝店也能先开通淘宝直播。当月新开播商家数量比 1 月份飙升 719%，超过 100 种不同职业的人在 1 个月内转战淘宝直播间。

在疫情期间，淘宝直播为各行各业带来了新机会，卖房、卖车、健身、深夜食堂、博物馆、布达拉宫观光等直播场景层出不穷。据《2020 淘宝直播新经济报告》显示，截至 2019 年，淘宝直播已积累 4 亿用户，全年 GMV（成交总额）突破 2 000 亿元，其中"双 11"当天直播 GMV 突破 200 亿元，177 位主播年度 GMV 破亿，2019 年淘宝直播开播账号数量同比增长 100%。

（2）以"内容"为主的直播平台——抖音直播

抖音直播

抖音，是由今日头条孵化的一款音乐创意短视频社交软件，该软件于 2016 年 9 月 20 日上线，是一个面向全年龄段的短视频社区平台。

2017 年，抖音直播（见图 1.2.2）上线，当时的开播门槛较高，抖音粉丝在 5 万以上的达人才有开播的权限，随后直播的门槛越来越低。

2018 年 3 月，抖音与淘宝打通合作，多个百万级以上的抖音号开始出现购物车按钮，点击后就可出现商品推荐信息，该信息能够直接链接淘宝。同年 5 月，抖音为部分达人开通了商品橱窗链接，用户可进入达人的个人店铺购物。同年12月，正式开放购物车功能。自此，抖音算是正式踏入"短视频+直播"电商之路。

抖音的飞速发展带来了大量商家入驻，抖音对于淘宝等电商平台来说，已经从引流平台逐步变成了分流平台，同时抖音也不希望站内流量

图 1.2.2　抖音直播

过多转移到淘宝、京东等第三方平台上，因此在 2020 年 6 月，抖音成立自己的电商部门，官方应用程序"抖音小店"横空出世，同年 10 月，抖音直播正式切断跟第三方电商平台的合作。

活动实施

搜一搜　体验不同的直播电商平台，并分析它们的优缺点。

步骤1：通过互联网搜索不同类型的直播电商平台。

步骤2：进入直播电商平台进行体验，并分析它们的优缺点。

以"电商"为主的直播平台：＿＿＿＿＿＿＿＿

优缺点：＿＿＿＿＿＿＿＿＿＿＿＿＿＿＿＿＿＿＿＿＿＿

以"内容"为主的直播平台：＿＿＿＿＿＿＿＿

优缺点：＿＿＿＿＿＿＿＿＿＿＿＿＿＿＿＿＿＿＿＿＿＿

做一做　探索主流直播平台——抖音。

步骤1：4 人为一组，在手机应用商店中下载抖音 App。

步骤2：在安装成功后，点击进入抖音的直播，点击进入"更多直播"。

步骤3：选择进入"购物"直播频道，小组讨论后任选 1 个直播间进入观看，从观众的角度观看一个完整的产品直播介绍。

步骤4：填写直播观看体验报告表 1.2.2，完成体验报告表后，小组成员间进行讨论，选出小组代表分享体验成果。

表 1.2.2 直播观看体验报告表

直播观看体验报告表			
一、基本情况			
名称		标签	
粉丝数		带货口碑	
简介			
二、直播情况			
主播人数		在线观看人数	
单场直播商品数		1号链接产品名称	
三、直播内容（讲解产品：_____）			
产品属性			
产品卖点			
促销活动			
四、体验想法			
		（从直播电商特点的角度去分析）	

※ 活动评价 ※

张宝及其小组成员通过理论学习和实训活动基本掌握了直播电商平台的分类,通过体验活动初步了解直播电商平台,同时小组任务也让小组成员更加了解彼此,小组合作意识得到提升,沟通分享能力得到强化,学习的积极性和效率得到提高。

活动 2　申请淘宝直播账号

活动背景

张宝及其小组成员在学校指导老师的带领下了解并体验了目前较为热门的直播电商平台,想要更加深入地了解直播功能还需进入后台操作,因此需要申请直播账号,目前在直播电商平台上获得直播权限是有条件要求的,接下来将学习如何在淘宝平台上申请直播账号获得直播权限。

课前引入

选择一个人气较高的直播间,试分析直播间销售的产品来源,是自家产品吗?

回 知识窗

1. 淘宝直播开播类型

淘宝直播从目前来看主要分为4种类型:淘宝达人直播、全球购买手直播、淘宝店铺(C店)直播和天猫直播。

①淘宝达人直播:适合有粉丝积累的人群,申请成功后既能销售自己的产品又能接单推广其他淘宝店铺的产品,同时可以升级达人等级获取淘宝公域流量。

②全球购买手直播:适合有海外资源(经常出国),想做代购直播的主播,需要有淘宝店铺,同时要有签证护照。全球购直播申请对产品、店铺要求很高,一旦店铺出现售假,淘宝会立即收回直播权限。

③淘宝店铺直播:适合成熟型店铺,拥有真实购买客户群体,开通直播主要是维护老客户,提升老客户的复购,同时解决售后,拉近与粉丝之间的距离。淘宝新店也可开通直播,但因前期没有粉丝积累,直播效果会比较差。

④天猫直播:适合天猫店铺,在同等流量的情况下,天猫直播比淘宝直播有优势。

2. 开通淘宝达人直播

(1)淘宝达人直播的入驻条件

①如为个人,须完成支付宝个人实名认证,且年满18周岁(同一身份信息下只允许1个淘宝账户入驻)。

②如为企业,须完成支付宝企业实名认证(同一营业执照下允许≤10个淘宝账户入驻)。

③如淘宝平台卖家申请成为达人(可推广他人商品),须同时满足:

a. 本自然年度内不存在出售假冒商品的违规行为;

b. 具有一定的店铺运营能力和客户服务能力。

④经淘宝平台排查认定，该账户及其实际控制人的淘宝平台账户未被淘宝平台处以特定严重违规行为处罚，或未发生过严重危及交易安全的情形。

（2）个人淘宝达人的直播开通步骤

步骤1：手机下载"淘宝主播"App，如图1.2.3所示。

图 1.2.3　下载"淘宝主播"App

步骤2：下载后打开"淘宝主播"App，点击"立即入驻，即可开启直播"，如图1.2.4所示。

图 1.2.4　主播入驻页面

步骤3：按照要求进行实名认证成为主播，如图1.2.5所示。

图 1.2.5　进行实名认证

步骤4：利用网络搜索并进入"阿里·创作平台"网站，申请成为淘宝达人，进入"达人成长"，根据指标提升达人等级，如图1.2.6所示。

图1.2.6 淘宝"达人成长"

3. 淘宝直播注意事项

在进行直播前，需要注意平台直播规则，如有违规，将会收到淘宝处罚甚至永久封号，以下情况在淘宝直播时要注意避免：

（1）达人号换主播直播

主播换人，即在直播账户注册时认证的主播与真实开播不是同一人。出现这种情况面临的处罚是被永久封号。

（2）出现空镜头、挂机

直播中一直不播放实际内容，出现挂机行为（各种空镜头形式）。空播的情况面临的处罚是降权和封号7~30天。

（3）引导线下交易

淘宝直播不允许主播、商家以任何方式引导观众进行线下交易（如通过微信、支付宝、银行卡转账等）。一旦出现此类情况，主播的账户会被处以7~30天的封号处罚，如果屡次违规的话，则处以永久封号处罚。

（4）其他禁忌

①淘宝直播间装修质量太低、主播在直播过程中玩手机、不说话、主播离开镜头10分钟以上、直播时间太短（小于1小时）、直播间产品出现专属链接以及直播间上架产品低于10个的情况，都会被淘宝直播官方处以降权的处罚。如果出现了两次同类情况，就会被处以封号7~30天的处罚。

②在淘宝直播中出现主播穿着低俗、直播玩游戏、谈论政治话题、抽烟、吸毒的情况，以及出现直播间播放企业宣传片、广告、电视新闻和多直播平台同时开播的情况，一经发现直接被永久封号。

活动实施

找一找 列举淘宝达人角色类型及认证要求。

步骤1：利用网络搜索并进入"阿里创作平台"网站，注册淘宝达人账号（见图1.2.7）。

图 1.2.7　开通达人账号

步骤 2：登录已注册好的账号，点击认证按钮进行角色认证（见图 1.2.8）。

图 1.2.8　进入"角色认证"

步骤 3：查看达人角色类型，分析并填写表 1.2.3。

表 1.2.3　淘宝达人"角色"分析表

序号	角色类型	认证要求	序号	角色类型	认证要求
1			5		
2			6		
3			7		
4			8		

🔍搜一搜　上网搜索淘宝直播平台新规，了解详细的规则，为后面的学习打下基础，不做违法违规的事情。

将最新的规则与旧版本的规则做比较，把不同之处写下来。

_____

_____

※ 活动评价 ※

　　张宝及其小组成员通过理论学习基本掌握了淘宝直播平台的规则，通过实践活动，尝试申请直播账号，了解申请的过程与步骤，同时进一步了解淘宝的直播规则，为后面的直播活动打下基础，进一步提高了学习的积极性。

拓展阅读：国内直播电商平台有哪些？

任务3 >>>>>>>>
了解直播电商岗位

情境设计

为在面试中脱颖而出,张宝他们需要了解直播岗位构成,从而选择适合自己的岗位,为此他们在学校指导老师的带领下借助网络来进行信息化学习,在之前的学习中他们已经积累了直播电商基础知识和发展史,以及初步认识了直播平台类型,接下来学习直播团队岗位类型及要求。

任务分解

对自身进行岗位定位需要进一步地深入学习,张宝他们接下来的任务是了解团队的各种岗位需求及技能,尽快找到合适自己的岗位。

活动1 了解直播电商团队构成

活动背景

2013年开始的智能手机+4G网络让中国迈入移动互联网时代,移动互联网下的社交工具催生了超级个体的崛起。现在已进入了5G时代,自由从业者将迎来更多机会,预计将有超过1亿人成为新媒体自由从业者。具体有哪些岗位需求呢? 接下来,同学们在学校指导老师的带领下开始了解直播电商团队的岗位构成。

课前引入

做直播带货是为了把自己的商品卖出去,那么你认为完成一场直播需要多少人?

□ 知识窗

1. 直播电商的岗位认知

直播电商不是一个人的电商,所有的网红主播背后都有扎实的直播团队。

一般来说,一个较为成熟的直播电商团队需要配备主播、助播、客服、策划、场控、运营等岗位。当然也可根据自身情况来配备团队,最少可由两个人组成,一个主播,一个负责运营和客服工作。

2. 直播的组织架构(见表1.3.1)

表1.3.1 不同配置的直播电商团队架构一览表

岗位	运营	策划	编导	场控	主播
低配版2人	1				1
基础版4人	1	1			2

续表

岗位	运营	策划	编导	场控	主播
进阶版 6 人	1	1		1	3
高阶版 8 人	1	1	1	1	4
旗舰版 11 人	2	2	1	2	4

在低配版两人的团队架构中，要求这 1 位运营是全能型的，需要兼顾营销、运营、策划、商务、场控和技术等工作；这 1 位主播每天直播 1 场，每场 4 小时，要熟悉商品脚本和活动脚本，完成直播和直播后的复盘。

在基础版 4 人的团队架构中，运营同时兼场控，策划同时兼编导；2 位主播每天直播 1 场，可以 2 人一起直播，活动期间时长为 6 小时，可以轮播，直播后再一起复盘。

在进阶版 6 人的团队架构中，单独设计场控，让运营专注于直播间运营，策划同时兼编导；3 位主播每天直播 2 场，每场 3~4 小时，轮流直播，活动期间可以增加时长，直播后再一起复盘，此架构配置是较完善的。

高阶版 8 人的团队是相对完整的架构，每一块都有专人负责；4 位主播，其中 1 人为主播主管，每天直播 3 场，每场 3~4 小时，轮流直播，活动期间可以增加时长，直播后再一起复盘，此架构配置是比较专业的。

在旗舰版 11 人的团队架构中，运营部门由运营总监和运营组成，加强运营专业度，策划部门由策划总监和策划组成，安排一位编导，加强活动和内容专业度，两位场控轮班；4 位主播，其中一人为主播主管，每天直播 3 场，每场 3~4 小时，轮流直播，活动期间可以增加时长，直播后再一起复盘，此架构配置是非常专业的。

活动实施

【岗位调研】完成直播岗位的市场调研。

步骤 1：打开 IE 浏览器，利用网络搜索前程无忧，进入网站首页。

步骤 2：输入关键词查询直播电商相关岗位，分别筛选出"北京""上海""深圳""广州"的招聘职位数量（见图 1.3.1），将结果填入表 1.3.2。

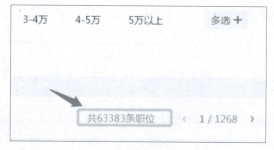

图 1.3.1　全国"直播"职位数量分析

步骤 3: 在前程无忧网站上选取 3 个与直播电商相关的岗位, 将"职位名称"与"职位要求"填入表 1.3.2。

步骤 4: 分析搜索的结果, 做出总结。

表 1.3.2　直播电商岗位网络需求情况分析表

网站	职位数量				职位名称	职位要求
	北京	上海	深圳	广州		
51job						

总结:
以上岗位中, 哪一个自己最感兴趣? _____, 原因: _____。
你认为你感兴趣的直播电商岗位对哪些方面要求较高? _____
_____

活动 2　分析直播电商岗位要求

活动背景

在上一个活动中, 已经介绍了不同直播团队的架构组成, 在学校指导老师的带领下张宝他们已经对直播电商的岗位有了基本的认识, 为了能顺利通过面试, 接下来需要进一步了解这些岗位的职责和技能要求。

课前引入

请分享你曾听过或了解过的直播电商方面的岗位, 并在横线处写下岗位名称及其主要工作。

(1) 岗位名称: _____

(2) 岗位名称: _____

(3) 岗位名称: _____

□ 知识窗

1. 常见的直播电商岗位类型及职责（见表 1.3.3）

表 1.3.3　直播岗位类型及职责

岗位名称	岗位职责
摄影	（1）负责视频和图片拍摄，与编导共同制订拍摄方案，独立完成拍摄任务； （2）负责拍摄现场灯光、布景的搭建等拍摄前期准备工作； （3）配合后期完成视频和图片的处理。
美工	（1）负责产品的图片处理、编辑、美化、设计等工作； （2）负责网店风格及展示设计，图片制作及美化、整体布局、活动广告和相关图片的制作； （3）负责对活动海报、产品手册的美工设计。
主播	（1）负责整场直播主持，是直播间的主要角色； （2）依照公司的安排完成日常直播活动和直播复盘，配合直播运营、场控等其他工作人员的工作； （3）与观众互动，引导粉丝下单转化，活跃直播气氛，维护直播秩序； （4）对自己的微博、微信、QQ 粉丝群进行例行维护； （5）配合公司所提供的培训及其他宣传活动，努力提高才艺和直播技巧，树立正能量主播形象。
助播	（1）协助主播推进直播进度，配合主播讲解各产品的卖点和活动机制； （2）活跃直播间的气氛，促成销售转化； （3）熟悉平台管理规则，配合主播避免出现违规操作及用语，应对突发情况； （4）协助开播前的直播准备和下播后场地的收拾整理。
运营	（1）负责直播电商的整体统筹； （2）进行日常以及资源位直播间维护，做好直播数据统计分析； （3）负责直播间产品招募以及商家对接； （4）提升直播间播出质量和维护直播粉丝； （5）与直播平台的官方资源对接； （6）负责主播人设、内容构架和热点话题的组织策划。
场控	（1）负责直播店铺的产品对接，日常直播产品的链接编辑和上下架； （2）协助主播做好开播前的准备工作； （3）辅助调控主播所需要的监控屏幕及灯光等设备，配合主播介绍产品和营造良好气氛； （4）对直播间互动场景进行有效的引导管控，及时发公告和解答回复粉丝问题，维持直播秩序； （5）完成直播后台的场控和推流、预告发布，监控直播后台和店铺后台的数据。
文案策划	（1）负责编辑和发布公司日常文案，进行活动策划； （2）配合运营，对接具体任务需求，完成项目合作方案； （3）负责项目宣传物料文案、海报、落地页等内容的构想，提升产品展现力； （4）协助美工，共同完成物料的最终成稿。

续表

岗位名称	岗位职责
编导	（1）负责收集整理直播素材； （2）把握直播风格，撰写脚本，熟悉直播流程； （3）组织拍摄和录制，负责现场的调度与控制； （4）跟进后期制作，督促及配合后期工作； （5）监控直播全过程，保证直播质量。
短视频后期	（1）负责短视频内容的剪辑处理，调度与控制拍摄现场； （2）挖掘视频中的亮点并进行编排剪辑； （3）根据后期视频的类型及需求，对制作包装风格进行优化； （4）管理和维护后期制作设备。
客服	（1）负责收集客户信息，了解并分析客户需求，规划客户服务方案； （2）熟悉产品属性和优惠信息，及时解答直播间观众遇到的各种问题，提升客户对公司服务的体验感； （3）负责进行有效的客户管理和沟通，了解客户期望值，跟进回访客户，提高服务质量，负责发展维护良好的客户关系； （4）负责客户相关数据收集和维护。

2. 一场完整直播的职能流程（见表 1.3.4）

表 1.3.4　直播职能流程

产品运营	活动策划	内容编导	主播	场控
营销任务分解	商品权益活动	商品脚本	熟悉商品脚本	直播设备调试
货品组成	直播间权重活动	活动脚本	熟悉活动脚本	直播软件调试
品类规划	粉丝分层活动	销售套路脚本	做好复盘	保障直播视觉效果
结构规划	排位赛机制活动	关注话术脚本	巧用话术技巧	后台回复配合
直播间数据运营	流量资源策划	控评话术脚本	控制直播节奏	数据即时登记反馈
直播负责人		封面场景策划	关注观众情绪	

活动实施

◎试一试◎　尝试进行自身直播职业定位。

步骤：4 人为一组，利用网络，详细地了解每一个岗位，同时组内进行深入的沟通，讨论每个成员适合的岗位类型，或最想要从事的岗位工作，将讨论结果填入表 1.3.5。

表 1.3.5　组内成员岗位

组员名称	适合 / 喜欢的岗位名称	主要职责

✎写一写　写出直播岗位所需技能。

步骤：从热门的岗位中挑选出一个自己最喜欢、最想要从事的岗位，设想一下自己在实习时有机会从事这个岗位，你该如何快速适应工作岗位？尝试将所需要的岗位技能写出来。

_____

_____

_____

※ 活动评价 ※

张宝及其小组成员通过理论学习和实训活动基本了解了直播电商中常见的岗位类型及工作职责，对自己有了更深入的了解，对后面的学习有了更明确的目标，同时树立了正确的就业观，对未来的职业规划也有了更充分的准备。在校企合作工作室的招聘中，由于准备充分，张宝及其小组成员成功地通过了招聘面试，加入了工作室团队。

拓展阅读：直播运营的本质是什么？

合作实训

实训名称：扶贫助农直播项目——农产品触播情况调研

实训背景：张宝他们成功加入了校企合作单位十点钟文化传媒工作室的直播团队，接到了工作室给的第一个任务——实地调研扶贫县农产品的直播现状。

实训目的：调查了解扶贫县农产品直播现状，挖掘潜在客户需求，在市场调查过程中宣传十点钟文化传媒工作室的直播服务业务，吸引更多农产品企业客户入驻。

实训过程：

步骤 1：组建调研团队，讨论推选一名小组长。

步骤 2：通过小组开会，确定市场调研流程，明确调研前的准备工作，小组长根据成员情况进行分工，明确各项工作的时间要求，任务分工见表 1.3.6。

表 1.3.6　调研小组任务分工表

序号	工作任务	成员	团队职位	时间／天	成果形式
1	制订调研计划	（　　）	负责人	4	计划书
2	设计调查问卷	（　　）	问卷专员	3	调查问卷
3	策划市场调查具体实施工作	（　　）	策划专员	2	实施策划书
4	根据调查结果进行数据统计	（　　）	数据分析员	3	调查结果分析
5	实地进行市场调研	（　　）	调研专员	7	回收调查问卷
6	撰写调研报告	（　　）	负责人	2	调研报告

步骤 3：根据制订的市场调研计划，明确调研对象和范围，设计好问卷调查表，印刷后根据计划开展实地调研。

步骤 4：在实地调研中宣传校企合作单位十点钟文化传媒工作室直播业务，更大程度地吸引调查对象体验产品直播。

步骤 5：回收调查问卷，统计数据，处理数据。

步骤 6：进行数据分析，讨论并整理出调研报告，将调研结果反馈给工作室。

实训小结： 通过此次市场调研活动，小组成员了解到扶贫县农产品中小企业使用直播电商的情况，并尽可能地介绍直播电商的优势，吸引他们进驻，提高工作室的知名度，为接下来的推广活动做准备。同时，在活动中也遇到调查对象不配合的情况，提醒小组成员在准备工作中需要考虑应对突发情况。

项目总结

本项目是学习直播电商最基础也是最重要的一步，为接下来直播电商其他项目的学习做好铺垫。通过本项目的学习，同学们掌握了直播电商的概念、特点和优势，了解了直播电商的历史事件，认识了目前具有代表性的直播电商平台，同时通过校企合作单位组建直播团队的机会了解到企业对直播电商人才的岗位技能和素养要求，这些知识将为今后的直播学习打下扎实的理论基础。

项目检测

1. 判断题（正确的打"√"，错误的打"×"）

（1）直播就是电视直播。 （　　）

（2）直播电商是一种购物方式，在法律上属于商业广告活动。 （　　）

（3）直播带货为网络购物带来了趣味性。 （　　）

（4）直播电商供应链层级较多，很难有价格优势。 （　　）

（5）直播平台只是提供直播的平台，平台自身不直播带货，不需要对消费者负责。

（　　）

2. 单项选择题（每题只有一个正确答案，请将正确的答案填在括号中）

（1）直播电商往往具有明显的价格优势，这种价格差异源于直播电商的（　　）。

    A. 内容优势　　　　B. 信息优势　　　　C. 信任优势　　　　D. 供应链优势

（2）下面哪个是图片直播平台？（　　）

    A. 美图秀秀　　　　B. 喔图　　　　　　C. 克拉克拉　　　　D. 斗鱼

（3）下面哪个平台具备视频直播功能？（　　）

    A. 斗鱼直播　　　　B. 映客直播　　　　C. 淘宝直播　　　　D. 以上都是

（4）直播完全与事件的发生、发展同步，体现了直播的（　　）。

    A. 真实性　　　　　B. 实时性　　　　　C. 互动性　　　　　D. 商业性

（5）确立直播相关的工种，市县乡领导扶植当地的农产品直播产业，属于（　　）层面。

    A. 消费　　　　　　B. 技术　　　　　　C. 政策　　　　　　D. 行业

3. 多项选择题（每题有两个或两个以上的正确答案，请将正确的答案填在括号中）

（1）广播电视时代，多以（　　）直播为主，如交通实时播报、电视《新闻联播》直播。

    A. 视频　　　　　　B. 音频　　　　　　C. 图片　　　　　　D. 文字

（2）直播电商的特点包括（　　　）。

　　A. 实时性　　　　　B. 互动性　　　　　C. 真实性　　　　　D. 商业性

（3）下面哪些平台开通了直播功能？（　　　）

　　A. 淘宝　　　　　　B. 拼多多　　　　　C. 腾讯　　　　　　D. 抖音

（4）"直播带货"的方式对经济有什么促进作用？（　　　）

　　A. 帮助偏远地区农产品外销　　　　　B. 刺激消费

　　C. 促进经济转型升级　　　　　　　　D. 推广地区特色商品

（5）下面哪些岗位属于直播电商岗位？（　　　）

　　A. 化妆师　　　　　B. 主播　　　　　　C. 场控　　　　　　D. 方案策划

4. 简述题

（1）谈谈"直播电商"给传统电商带来的影响。

（2）简述直播电商的发展历程与趋势。

（3）简述一场完整的直播流程。

项目 2
策划篇：策划直播电商项目

项目综述

2020年以来，直播行业迎来发展新机遇，直播卖货异常火爆。成功的直播活动背后都有明确的营销目标，如何将企业营销目的合理设置在直播各个环节中，这需要掌握直播整体流程策划的相关知识。只有完整合理的思路指导，直播营销才能更有效地完成企业总体的营销目的。

张宝、黄东、林多和袁讯经过前期对直播电商基础知识的学习，掌握了直播电商的相关概念，接下来指导老师将引导他们通过任务学习法，理清直播活动的营销思路，掌握直播电商活动的整体流程设计和注意事项，为直播电商执行层面打好基础。

项目目标

通过本项目的学习，应达到的具体目标如下：

知识目标
◇了解直播营销方式及技巧
◇掌握直播电商的目标分析技巧
◇掌握直播营销方案规划的步骤及方法

能力目标
◇具备市场调研与分析能力
◇具备学生直播案例分析能力
◇提升学生直播营销策划能力

素质目标
◇提高学生团体合作意识
◇培养学生与时俱进的创新精神
◇激发学生对直播电商营销策划岗位的兴趣
◇通过提高专业智慧来储备学生技能助农的知识能量

项目思维导图

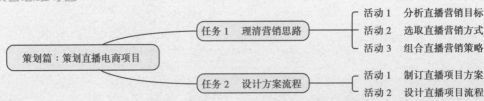

		活动1 分析直播营销目标
任务1 理清营销思路		活动2 选取直播营销方式
		活动3 组合直播营销策略

策划篇：策划直播电商项目

| 任务2 设计方案流程 | | 活动1 制订直播项目方案 |
| | | 活动2 设计直播项目流程 |

任务1 〉〉〉〉〉〉〉〉
理清营销思路

情境设计

张宝、黄东、林多和袁讯经过学校指导老师的引导，具备了直播电商基础知识，但对于如何成功策划一场直播活动还不清楚，指导老师引导他们进一步学习直播营销目标分析、直播营销方式选取技巧和直播营销策略组合等知识，理清营销思路。

任务分解

为了成功策划一场直播活动，张宝他们首先需要确定直播营销的目标，从而选取合适的营销方式进行营销策略组合，为编制直播方案打好基础。

活动1　分析直播营销目标

活动背景

同学们在学校指导老师的带领下开始学习直播电商的营销目标，通过任务式学习，对产品、用户、营销目标进行讨论、分析，合理设置直播活动可达到的效果。

课前引入

表2.1.1中的产品是某公司即将在直播间展示的新品，假设你是该公司负责直播营销任务的团队成员，你觉得在直播间介绍产品环节应介绍产品的哪些特点？请以4人为小组，进行讨论、分析，将分析结果填入表2.1.1。

表 2.1.1　产品分析表

产品	产品信息	介绍的重点（关键词）
	产品名称：刺绣钉珠女装收腰连衣裙海报款甜美通勤 产品价格：199 元	
	产品名称：女包 2021 新款单肩斜挎包女时尚百搭迷你圆形包包网红小圆包 产品价格：168 元	

▢ 知识窗

　　直播是手段,营销是目的。直播营销的目标大多是提高品牌知名度或提高销售额,但具体的直播目的,需要对产品、用户进行综合分析再结合营销目标科学合理设置,如图 2.1.1 所示。

图 2.1.1　直播目的构成图

1. 直播产品分析

　　为了能更好将产品价值传递给屏幕前的观众,直播前必须对产品进行全面的分析,梳理出产品的优势、劣势,提炼对产品描述的关键词,便于在直播间快速、有效向观众传递价值,促成交易。直播产品分析一般可从产品的外观和产品的功能两大维度进行,见表 2.1.2。

表 2.1.2　产品分析维度

分析维度	产品外观	产品功能
	产品形状、尺寸、结构、材质、成分等。	产品功能效果、口味、容量、操作性能等。
某品牌眼部精华	通过包装材质、标志、说明等的分析,得到关键词:包装高端大气、材质安全等。	通过对产品功能和效果分析,得到关键词:抗衰老、补水、去皱等。

2. 直播用户分析

　　不同的产品有不同的潜在消费群体,店铺在直播间要实现直播目标,必须对直播用户进行分析。通过对用户细分,了解购买需求及用户行为特征,构建目标群体画像,针对主要顾客群体的行为特征和观看心理,可更有针对性地制订直播间的促销活动方案。直播用户分析包括用户细分分析和用户群体分析,如图 2.1.2 所示。

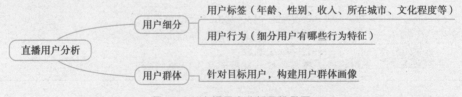

图 2.1.2　直播用户分析思维导图

　　首先进行用户细分分析,包括用户标签分析及用户行为分析两个维度,见表 2.1.3。

表 2.1.3　用户分析维度

	用户标签分析	用户行为分析
用户分析	用户标签分析（用户属性）可从用户的性别、年龄、收入、所在城市、文化程度等因素进行分析。用户属性特征是用户分析的基础，用户属性特征又分为固定属性和可变属性。重点对用户的年龄、性别与所在地域进行分析。	分析用户的行为特征，模拟用户行为路径，在用户的每一步行为过程中设计营销卖点。重点分析用户需求及其观看心理。
例子	固定属性特征，即伴随用户一生的固定标签，如：女性，出生于广州，汉族等。可变属性特征，即在短时间内用户保有的特点标签，如未婚、本科学历等。	比如"60后""70后""80后""90后"等的行为特征各不相同，要研究他们在直播场景下的行为特征。

然后通过用户标签、行为特征等数据信息去划分出目标用户，进而构建出目标用户群体的画像。

3. 企业营销目标

直播目的必须服务企业的市场营销目标才能给企业带来整体的效益提升。直播目的不是一成不变的，需要根据企业在不同阶段、不同情况下的市场营销目标做出调整。"SMART 原则"（见表 2.1.4），可以帮助企业科学合理确定直播目的。

表 2.1.4　SMART 原则分析

SMART 原则	具体含义	例子
S（Specific）具体成果	具体、明确的可以用语言表述的目标	"借助直播增加知名度"不是具体目标；"借助直播增加关注量和评论数"是具体的目标。
M（Measurable）可度量	目标可以用数据衡量	"借助直播大幅度提升销售额"是不可度量目标，"利用直播平台实现 100 万元销售额"是可度量的。
R（Relevant）相关性	此目标与其他目标的相关性	企业电商管理部门除了直播还有网站运营、微信公众号运营等相关职能任务，直播目标设置为"公众号流量24 小时内提升30%"是有相关性的，而"生产的瑕疵品概率下降至 5%"是没有相关性的。
A（Attainable）能达到	目标是可实现的，避免设立过高或过低的目标	上场直播活动观看人数为 3 万，这次将目标设定观看人数为 30 万，这是过高的目标。
T（Time-bound）时限	完成目标的期限	"新品销售 10 万件"是没有时限的，而"直播结束 36 小时内新品销售 10 万件"是有时限的。

4. 直播目的确定

经过对直播产品、直播用户及企业营销目标的分析，确定企业直播营销目的。以某品牌眼部精华为例确定直播目的，如图 2.1.3 所示。

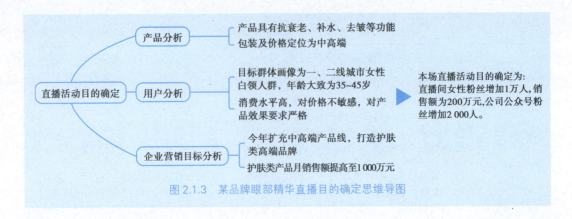

图 2.1.3　某品牌眼部精华直播目的确定思维导图

活动实施

⊙填一填⊙　进行直播产品分析。

步骤 1：4 人为一组，在淘宝网上选择两个感兴趣的产品作为分析的对象。

步骤 2：按照表 2.1.5 里的分析要求，将分析结果填入表内。

步骤 3：小组代表向全班同学展示分析结果。

表 2.1.5　直播产品分析表

序号	产品名称	产品分析		提炼分析关键词
		产品外观分析	产品功能分析	
产品 1				
产品 2				

做一做　进行直播间用户分析。

步骤 1：4 人为一组，在淘宝直播间搜索"女童汉服"和"小家电"直播间。

步骤 2：每类产品任选一个直播间进行用户分析，将分析结果填入表 2.1.6。

表 2.1.6　用户分析任务表

主营产品	主要用户群分析
女童汉服	潜在的用户：
	这些用户的主要标签（属性）：
	该用户群购买行为特点：

主营产品	主要用户群分析	
小家电	🛒	潜在的用户：
	☑️	这些用户的主要标签（属性）：
	BUY👆	该用户群购买行为特点：

★ 比一比 ★　合理设置营销目的。

步骤：根据知识窗 SMART 原则知识，对表 2.1.7 中的直播目的表述进行分析、对比，并将分析结果填入表中。

表 2.1.7　直播目的对比分析任务表

店铺直播间情况	目标表述			哪个表述更为合理，为什么？
上场直播后的数据①粉丝量：19 000 人；②销售额为：20 万元	直播销售额提升至25 万元	VS	销售额大幅增加	
	更多人关注，粉丝增长过万		直播间粉丝量增加 3 000 人	
	直播提升产品质量		提升微信公众号人气	

※ 活动评价 ※

张宝及其小组成员通过学习直播营销目的分析技巧，基本掌握如何确定一场直播活动目的，同时小组间成员增进了合作意识，成员分工合作更加默契。

活动 2　选取直播营销方式

活动背景

张宝及其小组成员通过学习直播营销目的分析技巧，基本掌握如何合理科学设置直播目的，指导老师让他们继续学习直播营销的基本方式，结合营销目标选择合适的直播方式。

课前引入

假设某店铺计划进行两场直播活动，在表 2.1.8 中的两款产品是即将在直播间展示的新品。请以 4 人为小组，尝试为该店的新品进行直播推广，帮助找到合适的主播并讨论如何进行产品展示。根据表 2.1.8 中的提示，将讨论结果填入表中。

表 2.1.8　直播产品分析表

产品	选择哪类主播？	如何展示产品？
中老年人奶粉	（提示：保健品的购买人群有哪些？他们关注点有哪些？）	（提示：如何快速传达产品的价值。）
口红	（提示：彩妆口红的购买人群有哪些？关注的是什么？）	（提示：根据产品的关键亮点进行分析。）

▣ 知识窗

1.常见的直播营销方式

店铺在进行直播前需根据产品的特点设计直播的内容，并选择合适的方式将产品的价值有效地传达给观众，提高品牌知名度或销售额。常见的直播营销方式见表 2.1.9。

表 2.1.9　常见的直播营销方式分析表

直播营销方式	内涵	例子	注意
颜值营销	选择适合大众审美的主播容易吸引更多的粉丝观看，而大量的粉丝观看则带来巨大的流量。	某护肤类产品邀请皮肤较好的主播进行直播带货。	主播同时要掌握产品的亮点，有较好的语言表达能力，富有正能量。
明星营销	邀请明星出现在直播间参与推广活动。	某汽车明星代言人在位于北京密云的工厂开启直播卖车活动。	根据产品受众特点，在预算范围内找到最适合的明星。
稀有营销	稀有营销适用于拥有独家信息渠道的企业，其中包括独家冠名、知识权、专利授权、唯一渠道等。	某手机新品在直播间独家限量首发。	门槛费用较高。

续表

直播营销方式	内涵	例子	注意
利他营销	主要表现为知识的分享和传播。	某彩妆类品牌直播间的主播通过现场使用产品向观众展示化妆技巧，让观众学习美妆知识的同时推广产品。	主播对产品的特点性能、使用技巧要十分娴熟。
才艺营销	主播通过直播间展示才艺，同时展示才艺所使用的工具类产品。	主播在直播间使用空灵鼓表演才艺的同时展示了产品的性能及使用方法。	主播的才艺要过硬。
对比营销	企业通过与竞品或自身换代前的产品进行对比，利用差异化展示产品优势。	手机品牌直播间主播用新品与上一代手机产品进行对比，以此突出新品的优势。	选取适合的对比产品。
采访营销	主持人通过采访的形式，用他人的观点突出产品的特点。	保健类产品直播间主播邀请医学专家到直播间进行健康知识普及。	对主持人综合控场能力要求较高。

2. 选取直播营销方式

要选择合适的直播营销方式，首先要了解网络消费者的购买行为习惯。从网购消费者心理方面分析，从接触某产品到购买，通常会经历听说、了解、判断和下单四个阶段。对照这四个阶段，结合企业营销目标，在直播营销时选择合适的营销方式，做到推广新品时，提高曝光率；讲产品，增加吸引力；提高产品口碑，获取更多的好评；促进消费者下单欲望，提高销售额，如图 2.1.4 所示。

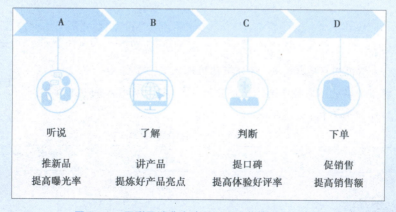

图 2.1.4　互联网消费者购买心理及营销步骤示意图

常见的 7 种营销方式，直播营销重点各有不同，见表 2.1.10。

表 2.1.10　常用的营销方式重点分析表

方式	重点			
	推新品	讲产品	提口碑	促销售
颜值营销	★	★		
明星营销	★		★	★
稀有营销	★	★		
利他营销	★			★
才艺营销	★			
对比营销		★		★
采访营销			★	

这 7 种营销方式并不是相互独立的,一次成功的直播活动往往会将其中两种或多种营销方式进行组合,从而提高直播营销效果。

活动实施

?? 想一想　以小组为单位,分析下列直播案例采用的直播营销方式。

(1)A 直播间,邀请知名彩妆大师到直播间使用彩妆产品现场帮模特化妆,旁边的主持人不时向彩妆大师请教化妆技巧。

采用的营销方式有:＿＿＿＿＿＿＿＿＿＿＿＿＿＿＿＿＿＿＿＿

和硬广相比有何优势?＿＿＿＿＿＿＿＿＿＿＿＿＿＿＿＿＿＿＿

(2)B 直播间,主播小美穿着优雅的旗袍,正用古筝弹奏着悦耳的曲目,直播间的购物链接是各种价格的古筝琴。

采用的营销方式有:＿＿＿＿＿＿＿＿＿＿＿＿＿＿＿＿＿＿＿＿

和硬广相比有何优势?＿＿＿＿＿＿＿＿＿＿＿＿＿＿＿＿＿＿＿

做一做　以小组为单位,分析表 2.1.11 产品特点,讨论直播间采用哪种或哪几种直播营销方式比较合适。

步骤 1:分析产品用户人群特点,将分析结果填入表 2.1.11 中;

步骤 2:根据产品的不同特点选择合适营销方式,将结果填入表 2.1.11 中;

步骤 3:以小组为单位,分享观点。

表 2.1.11　任务分析表

产品	产品用户人群	选择营销方式
 坚果		

续表

产品	产品用户人群	选择营销方式
 榴莲		

※ 活动评价 ※

　　张宝及其小组成员通过对直播营销方式的学习，掌握了根据不同产品特点选择直播营销方式的技巧，为接下来的营销策划做准备。

活动 3　组合直播营销策略

活动背景

　　张宝及其小组成员学习了直播营销目标分析技巧及常见直播方式的相关知识，指导老师引导他们继续学习组合直播营销策略的相关知识。

课前引入

　　以小组为单位，讨论影响直播活动效果的因素有哪些，将讨论结果填入表 2.1.12 中。

表 2.1.12　课前任务分析表

序号	因素	如何影响
1		
2		
3		

🔲 知识窗

　　组合直播营销策略是指在确定直播活动目标后，综合考虑人物、产品、场景、创意等因素，加以最佳组合和运用，以完成既定的目的和任务。人物、场景、产品和创意的好坏会直接影响直播营销活动的整体效果，在直播营销活动方案设计过程中，需要将这四部分有机结合（见图 2.1.5）。

　　将人物、场景、产品和创意通过各种形式组合，可以用于大多数产品的直播任务中。组合

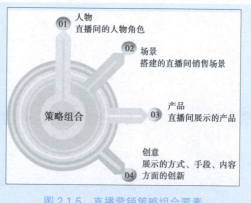

图 2.1.5　直播营销策略组合要素

的含义可理解为谁通过搭建怎样的直播销售场景，利用怎样的展示方式，来展示怎样的产品给直播间的观众，如图 2.1.6 所示。

图 2.1.6　直播营销策略组合流程示意图

活动实施

⊙填一填⊙　以 4 人一组为单位，结合所学知识分析下列直播案例的人物、产品、场景、创意，将分析结果填入案例分析表 2.1.13 中。

案例：某公司主营护肤彩妆产品，公司的电商运营部门决定在直播间内主推一款补水面膜。主播是公司新培养的主播小美，小美外貌甜美并熟悉各类护肤知识技巧。为在镜头前真实还原护肤品的使用效果，使用正常白色光搭建直播场景。

小美在直播间现场使用该补水面膜，向粉丝解说面膜的成分功效，展示使用后的效果对比。同时邀请了一位平时很少使用补水面膜的女性同事作为嘉宾到直播间，现场使用该产品，小美用一个皮肤水分测量仪器，测试记录了该嘉宾使用该面膜前后的数据，并进行对比。

表 2.1.13　案例分析表

直播要素	分析案例
人物	
场景	
产品	
创意	

做一做　以 4 人一组为单位，结合直播营销策略知识，为某公司一款眼线笔产品设计一个简单的营销策略组合方案，并填入表 2.1.14 中。

表 2.1.14 营销策略组合方案任务表

背景说明	直播营销策略组合方案
新推出一款眼线笔，主推流畅、持久、防水等功能。	（提示：将人物、产品、场景、创意按知识窗的流程示意图进行组合）

※ 活动评价 ※

通过本次活动，张宝及其小组成员了解了直播营销策略组合包含的要素，初步掌握简单的营销策略组合技巧。

拓展阅读：开启淘宝店铺
直播，你需要知道的事情

任务2 ⟫⟫⟫⟫⟫
设计方案流程

情境设计

要实现具体的直播目的，必须让抽象的思路通过有效的载体呈现，才能被执行，而方案就是常用的呈现方式。张宝、黄东、林多和袁讯经过学习，基本理清了直播营销的思路，学校指导老师帮助他们根据前期所学的知识，深入学习直播营销方案设计的相关知识，有利于日后更好执行真实任务。

任务分解

一次成功的直播活动需要具备一个完善的直播方案，张宝他们首先要了解直播方案包含的内容，然后根据直播活动方案设计整场直播活动的流程。

活动 1 制订直播项目方案

活动背景

指导老师引导学习小组通过活动，首先了解直播方案包含的要素，然后进行直播方案的制订。

课前引入

以 4 人为一组，讨论一场直播活动正式开播前，所有直播参与者需要知晓的相关事项有哪些？_____

_____

☐ 知识窗

1. 直播营销方案的作用

直播营销思路是抽象的，而直播方案就是思路的具体化，便于直播活动的所有参与者能准确、完整地把握直播活动的思路，落实每项任务，完成预定目标，如图2.2.1所示。

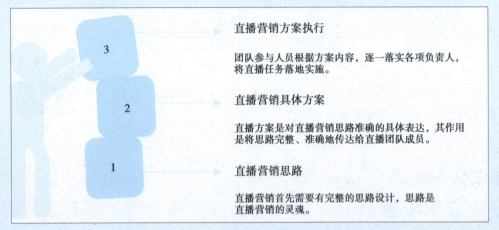

直播营销方案执行

团队参与人员根据方案内容，逐一落实各项负责人，将直播任务落地实施。

直播营销具体方案

直播方案是对直播营销思路准确的具体表达，其作用是将思路完整、准确地传达给直播团队成员。

直播营销思路

直播营销首先需要有完整的思路设计，思路是直播营销的灵魂。

图 2.2.1　直播营销方案作用示意图

2. 直播营销方案的要素

直播营销方案应简明扼要，直达主题，一般包括直播目的、直播概述、人员安排、时间节点、费用预算五大要素，如图2.2.2所示。

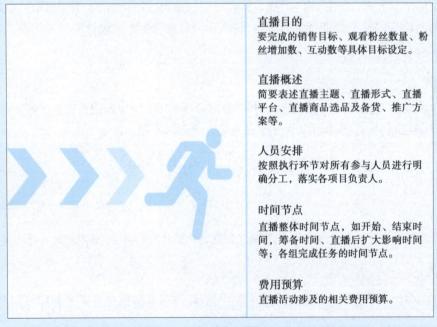

直播目的
要完成的销售目标、观看粉丝数量、粉丝增加数、互动数等具体目标设定。

直播概述
简要表述直播主题、直播形式、直播平台、直播商品选品及备货、推广方案等。

人员安排
按照执行环节对所有参与人员进行明确分工，落实各项目负责人。

时间节点
直播整体时间节点，如开始、结束时间、筹备时间、直播后扩大影响时间等；各组完成任务的时间节点。

费用预算
直播活动涉及的相关费用预算。

图 2.2.2　直播营销方案五大要素

直播方案各要素的要点分析见表2.2.1。

表 2.2.1　直播方案各要素的要点分析

因素	要点	举例
直播目的	传达直播的目的	"三八妇女节"即将来临，结合公司新品推广任务，公司决定在妇女节当天进行直播，希望通过本次"三八妇女节"的直播活动，提升公司天猫店本月销售额至 1 000 万元。
直播概述	对直播的整体思路进行简明扼要的概述	直播主题：女神之妆 直播平台：淘宝直播 直播形式：邀请化妆师现场展示 3~5 类适合"三八妇女节"的妆容 直播商品：新推出的魅力系列彩妆产品
人员安排	对所有参与人员进行分组管理	道具组：负责人 xxx 成员名单 xxx 内容组：负责人 xxx 成员名单 xxx 摄制组：负责人 xxx 成员名单 xxx ……
时间节点	直播的各个环节时间节点；各项目组时间节点	一、前期筹备时间：2 月 20—28 日 二、推广引流时间：3 月 1—8 日 三、直播时间 直播时间：2021 年 3 月 8 日 20：00—23：00 四、复盘时间：3 月 9 日 五、各项目组时间安排： 1.道具组完成时间：2 月 28 日 2.内容（脚本）组完成时间：2 月 28 日 ⋮
费用预算	整体的预算	道具：2 万元 化妆师邀请费：3 万元 现场礼品费用：10 万元 ⋮

注意：方案既要简要，也要准确全面，以便让所有的参与者都明了任务要求，更好地完成各项目任务，实现直播目的。

活动实施

🔍 搜一搜　利用互联网，收集一个成功的直播方案，分析方案并将方案要素填入横线处。

_____

_____

✍ 做一做　根据下列步骤制作一个简单的直播方案。

背景：某公司主营各类坚果零食，线上主营天猫店，"双十一"大促即将到来，公司决定在"双十一"这天进行直播。

步骤 1：以小组为单位，在淘宝天猫搜集主营坚果类的店铺，进入店铺直播间了解直播内容。

步骤 2：根据知识窗表 2.2.1 直播方案各要素的要点分析，讨论确定直播目的、人员安排、概述、时间节点、费用预算等内容概要。对小组成员进行分工，每人负责一个部分的编制。

步骤 3：整合直播方案，小组成员讨论、修改并完成表 2.2.2 直播方案的制作任务表。

表 2.2.2　直播方案的制作任务表

因素	方案
直播目的	
直播概述	
人员安排	
时间节点	
费用预算	

步骤 4：将整合的直播方案制作成 PPT。

步骤 5：向全班同学及老师展示合作成果。

※ 活动评价 ※

通过活动，张宝及其小组成员了解了直播方案包含的要素，并可以运用直播方案的制作技巧编制简单的直播方案。

活动 2　设计直播项目流程

活动背景

经过前期的学习，张宝他们掌握了制作完整直播方案的技巧。要实现直播目的，还需设计直播项目整体流程，让方案顺利落地。在指导老师的引导下，他们将学习直播整体流程。

课前引入

某公司主营业务是女装，准备在 3 月 8 日进行直播，请问在开播前需要做哪些筹备工作？

_____

_____

□ 知识窗

1. 直播项目全流程

一场完整的直播活动一般包括 4 个阶段的工作，分别是筹备直播工作、实施直播活动、扩大直播影响和复盘直播数据，如图 2.2.3 所示。

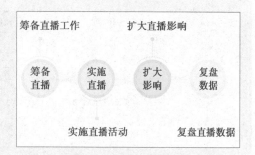

2. 直播各阶段的具体工作

（1）筹备阶段

直播筹备工作是直播活动顺利进行和达成目标的关键，只有落实好筹备工作，才能确保直

图 2.2.3　直播项目整体流程图

播间各项活动按计划进行。直播筹备工作一般包括确定直播内容、做好预热宣传、配置直播资源、设计直播脚本四部分内容，每部分内容包括的要点，如图 2.2.4 所示。

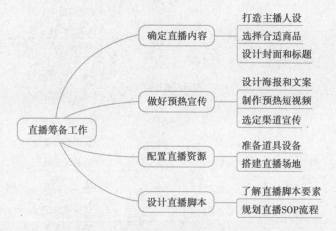

图 2.2.4　筹备阶段思维导图

（2）实施阶段

直播活动的执行层面，通常包括开场、过程、收尾三个环节，过程又包括产品介绍及促进下单转化两个环节。开场主要让观众快速了解这场直播的内容、形式、组织者等信息，同时能引起观众的观看兴趣。过程的目标一方面要引起观众对直播本身产生兴趣，另一方面提升观众对直播间所展示的产品或服务内容的兴趣，提高下单转化率；收尾的营销目的是促成接受，让观众接受企业产品、理念，提高知名度。每个环节的要点如图 2.2.5 所示。

（3）扩大影响阶段

直播间活动结束并不意味着直播工作结束。一方面，为让直播活动效果最大化，在直播结束后，可以将直播的视频片段和销售数据借助其他平台进行进一步的宣传推广；另一方面，还需要在直播后维护好直播粉丝，增加粉丝黏性，详见图 2.2.6。

（4）复盘阶段

复盘是指将整个直播活动重新梳理一遍，对直播前筹备工作、实施直播活动、扩大直播影响等环节进行经验总结，避免下场直播活动重复出现相同或类似的失误，为今后的直播做铺垫。复盘阶段一般包括分析直播数据及总结直播经验两个环节,详见图2.2.7。

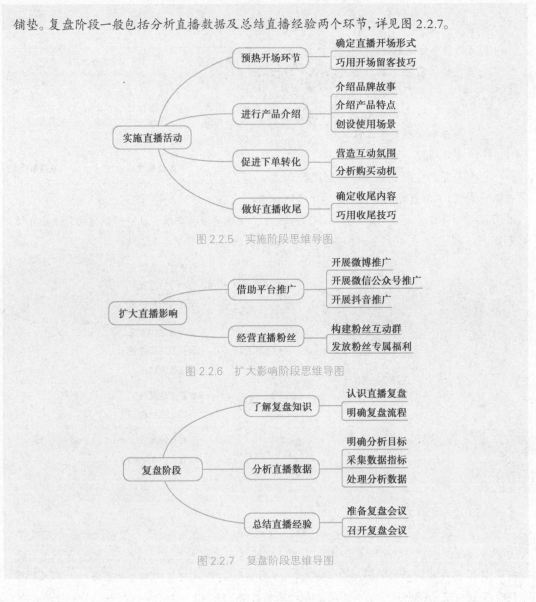

图 2.2.5 实施阶段思维导图

图 2.2.6 扩大影响阶段思维导图

图 2.2.7 复盘阶段思维导图

活动实施

🔍搜一搜 以小组为单位,利用互联网手段,选择一个人气较高的直播间,分析该直播间的直播预告一般包含哪些内容。

◇看一看◇ 观看一场直播,将你在直播间得到的相关信息填入表2.2.3中。

表 2.2.3 直播流程体验分析表

一、基本情况			
名称		标签	
粉丝数		直播时长	
直播间布置情况			
二、直播情况			
主播人数		在线观看人数	
单场直播商品数及主要类目			
三、直播实施阶段的流程分析			
预热开场内容			
产品介绍——产品特点及关键词（选择直播间其中一个产品）			
促进下单转化（促销活动、粉丝福利活动）			
直播收尾			
四、整场直播的亮点分析			

※ 活动评价 ※

　　张宝及其小组成员通过学习直播流程设计，了解直播执行层面的流程环节，初步掌握如何设计一场直播流程的方法及技巧。

拓展阅读：某公司直播项目执行表

合作实训

　　实训名称：扶贫助农直播项目——直播项目方案设计

　　实训背景：张宝他们成功加入了校企合作单位十点钟文化传媒工作室的直播团队，接到了工作室给的第二个任务——为工作室的扶贫助农直播项目进行一场直播活动的方案设计。

　　实训目的：理清直播思路，形成合理可行的直播方案。

　　实训过程：

　　步骤1：组建工作团队，讨论并选择任命一名小组长。

　　步骤2：通过小组开会，明确工作步骤，小组长根据成员情况进行分工，明确各项工作的时间要求，任务分工见表2.2.4。

表 2.2.4　分工表

序号	工作任务	参与成员	主要负责人	时间 / 天	成果形式
1	到扶贫县沟通调研，收集分析相关信息			2	报告
2	确定直播营销目标及直播方式			2	报告
3	制作直播方案			3	方案初稿
4	与扶贫县再次沟通			2	反馈报告
5	修改直播方案			3	方案定稿

　　步骤3：团队成员到扶贫县，针对直播商品、目标、方式等方面进行全面地了解，收集相关信息。

　　步骤4：根据收集的信息及分析结果，确定直播营销目的及直播方式。

　　步骤5：制作直播方案。

　　步骤6：与扶贫县项目负责人再次沟通，修改直播方案，并将相关情况反馈给十点钟文化传媒工作室。

　　实训小结：通过此次活动，小组成员掌握直播电商目的分析技巧、直播方式选取技巧、直播方案制作技巧，为接下来深入直播执行层面的各个环节打下坚实的基础。同时通过团队合作分工模式，增强了成员之间的团队合作意识和能力。

项目总结

　　通过本项目的学习，同学们掌握了直播电商的目标分析技巧、营销方式及选取方法，掌握直播营销组合策略、方案策划及直播流程设计等技能。通过本项目的实训练习让学生初步了解直播电商文案策划岗位的能力要求，增强了团队合作意识和能力，同时让学生明白成功不是一蹴而就，需要储备更多专业智慧提升自己的专业技能，增强自身技能助农的知识能量。

项目检测

1. 判断题（正确的打"√"，错误的打"×"）

(1) 直播目的只需要分析营销目标。　　　　　　　　　　　　　　　（　　　）

(2) 直播产品包括实物产品和虚拟产品。　　　　　　　　　　　　　（　　　）

(3) 直播筹备只需要对设备进行检查调试。　　　　　　　　　　　　（　　　）

(4) 利用直播平台提升销售额至 100 万元是具体的目标。　　　　　（　　　）

(5) 才艺营销方式要求主播必须才艺过硬。　　　　　　　　　　　　（　　　）

2. 单项选择题（每题只有一个正确答案，请将正确的答案填在括号中）

(1) 下列属于"产品外观"分析维度的（　　　）。

　　A. 产品尺寸　　　　B. 产品口味　　　　C. 自动美颜功能　　D. 美白功能

(2) 下列哪个目标属于可度量目标？（　　　）

　　A. 提升口碑　　　　　　　　　　B. 销售额增加 100 万元

　　C. 好评率大幅提升　　　　　　　D. 其他平台粉丝增加

(3) 下面哪个环节属于直播筹备工作阶段？（　　　）

　　A. 脚本设计　　　　B. 借助平台推广　　C. 进行产品介绍　　D. 分析直播数据

(4) 下面哪个属于固定属性特征？（　　　）

　　A. 性别　　　　　　B. 未婚　　　　　　C. 学历　　　　　　D. 居住地

(5) 适用才艺营销方式进行直播活动的产品是（　　　）。

　　A. 空灵鼓　　　　　B. 书籍　　　　　　C. 旅游产品　　　　D. 保养品

3. 多项选择题（每题有两个或两个以上的正确答案，请将正确的答案填在括号中）

(1) 直播电商的目的分析包括（　　　）。

　　A. 产品分析　　　　B. 用户分析　　　　C. 营销目标　　　　D. 市场分析

(2) SMART 原则是指（　　　）。

　　A. 具体成果　　　　B. 时限　　　　　　C. 可度量

　　D. 相关　　　　　　E. 能达到

(3) 常用的直播营销方式有哪些？（　　　）

　　A. 颜值营销　　　　B. 明星营销　　　　C. 稀有营销

　　D. 利他营销　　　　E. 才艺营销

(4) 直播简述一般应包括（　　　）。

　　A. 直播平台　　　　B. 直播形式　　　　C. 直播主题　　　　D. 直播场地

(5) 直播方案的必备要素有（　　　）。

　　A. 直播目的　　　　B. 直播概述　　　　C. 人员安排　　　　D. 费用预算

4. 简述题

(1) 如何进行直播营销目的的分析？

(2) 直播流程包括哪几个环节，每个环节的工作要点是什么？

项目3
筹备篇：筹备直播电商工作

项目综述

　　张宝、黄东、林多和袁讯组成的学习小组在前期学习直播基础知识和参与公司的直播策划活动后，将进入紧张的直播筹备工作。在企业导师的带领下，开始进行直播产品选品，完成主播人设的铺垫，做好直播的预热宣传。同学们也希望尝试参与去搭建一个直播间，配置各种直播设备，同时学习如何撰写一个高效的直播脚本，这些都是直播活动重要的准备工作。张宝他们希望能通过自己的努力尽快融入公司的项目团队，增强沟通合作意识，提升岗位技能和职业素养。

项目目标

通过本项目的学习，应达到的具体目标如下：

知识目标
◇掌握直播产品的选品法则
◇熟悉直播的预热宣传工作
◇熟悉直播环境的配置方案
◇了解直播脚本的重要意义

能力目标
◇掌握直播选品、预热宣传的技巧
◇熟练搭建直播间设备环境
◇掌握撰写直播脚本的技巧

素质目标
◇强化学生沟通与团队合作意识
◇树立社会主义核心价值观
◇提高学生的直播运营岗位技能
◇培养学生的脚踏实地的工作态度

▣ 项目思维导图

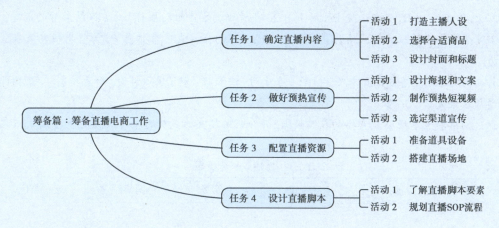

- 筹备篇：筹备直播电商工作
  - 任务1　确定直播内容
    - 活动 1　打造主播人设
    - 活动 2　选择合适商品
    - 活动 3　设计封面和标题
  - 任务 2　做好预热宣传
    - 活动 1　设计海报和文案
    - 活动 2　制作预热短视频
    - 活动 3　选定渠道宣传
  - 任务 3　配置直播资源
    - 活动 1　准备道具设备
    - 活动 2　搭建直播场地
  - 任务 4　设计直播脚本
    - 活动 1　了解直播脚本要素
    - 活动 2　规划直播SOP流程

任务1 ⟫⟫⟫⟫
确定直播内容

情境设计

　　十点钟文化传媒工作室最近签约了一家天猫休闲零食专营店的直播代运营业务,这家休闲零食专营店希望通过直播促进销售。十点钟工作室经过评估,认为张宝和林多的形象、性格比较符合休闲零食店直播间需求,决定让他们担任该直播间的实习主播。在开播之前首先要确定直播的内容,然后经过讨论,确定了主播的人设、选品、商品图片、促销方案。

任务分解

　　张宝和林多需要根据直播需求及直播计划确定直播的主播人设,选择当天直播的主打商品,然后收集好商品图片、确定商品价格、制订促销方案,并在直播后台做好相关设置。

活动 1　打造主播人设

活动背景

　　张宝和林多形象年轻活泼、热情洋溢,他们搭档进行休闲零食产品的直播销售有着天然的优势。但是要想得到观众的认可,留住观众,还需要根据直播间目标客户群体的喜好进一步打造主播人设。

课前引入

2020 年 4 月 28 日，钟南山院士出席了 2020 年贵州刺梨产业发展论坛，会议结束后的当晚，钟南山院士还特地做客购物网站的直播间，献出了自己的公益直播带货首秀，为贵州刺梨果农脱贫助力。

钟南山院士的直播首秀虽然只有短短一个小时，但依旧引起了热烈讨论，开播没多久，直播间观看量就已经高达 230 多万。

通过网络搜索本场公益直播的直播数据，并分析本场直播成功的原因，将自己的看法填入表 3.1.1。

表 3.1.1　直播效果分析表

	直播产品	观看量	点赞量	销售额	成功原因
钟南山院士公益直播					

□ 知识窗

1. 主播人设的概念

主播人设是指主播在直播间树立鲜明的形象标签，通过标签让别人快速记住，继而认可、喜欢、信任。

人设是标签的组合。标签是能够辨识主播的关键词。标签要在直播中得到体现，才能让观众产生印象。如某主播的人设为爱心助农、热情、诚信，主播通过直播间将这些标签传达给观众，最终打造出鲜明的形象。

2. 打造主播人设的流程

打造主播人设有 4 个步骤，分别是分析需求、大胆挖掘、人设呈现、重复深化，如图 3.1.1 所示。

分析需求　大胆挖掘　人设呈现　重复深化

图 3.1.1　主播人设打造流程

（1）分析需求

打造人设前需对目标群体进行调研，分析出目标人群画像，并从目标人群视角分析他们偏好的标签。例如：

▲【美妆主播】

化妆品直播间面向的目标人群多是爱美的女性，会对主播的形象有较高要求，对于有一定审美能力的主播有偏好。

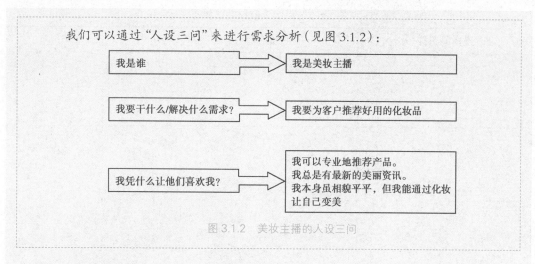

我们可以通过"人设三问"来进行需求分析（见图3.1.2）：

图 3.1.2 美妆主播的人设三问

（2）大胆挖掘

打造人设要从自身出发，基于自身外形、性格或者特长去挖掘。挖掘出辨识度高的人设特征在直播间呈现，并通过数据分析确定该人设是否符合目标人群偏好。例如：

▲【美妆主播】

美妆主播在直播间拧盖子时，粉丝们纷纷评论她的手修长好看，于是她的手成为她的人设标签，主播更加注重展示商品时手部的动作。

外形：美、手特别好看。

性格：热情、亲和、喜欢钻研。

特长：专业、会化妆。

（3）人设呈现

人设标签一般通过外形、行动、话术来呈现。例如：

▲【美妆主播】

外形：普通人长相，但化妆后自然、美丽。

行动：对化妆品的成分、特点有钻研精神，说起化妆品来头头是道。

话术："相信我，这真的很美。""敲黑板，这是最新款的妆容。"

（4）重复深化

人设的打造需要不断深化，在直播中通过反复呈现固定的话术和动作给观众形成记忆点。

活动实施

◇看一看◇ 观看并归纳、整理休闲零食品类主播人设标签。

步骤：登录淘宝直播间，观看至少三位休闲零食品类主播，归纳整理其人设特点（完成表3.1.2）。

表 3.1.2　主播人设标签采集表

直播间名称	主播性别	人设标签

✎ 做一做　根据打造主播人设的流程，打造休闲零食品类主播人设。

步骤 1：根据直播间目标群体的需求回答"人设三问"。

直播间目标群体的需求：美味、健康、方便食用的休闲食品。

人设三问：

（1）我是谁？
_____

（2）我要干什么 / 解决什么需求？
_____

（3）我凭什么让目标客户喜欢？
_____

步骤 2：以你所观看的其中一位主播为参考，为其挖掘人设标签。

外形：_____

性格：_____

特长：_____

步骤 3：人设呈现。

外形：_____

行动：_____

话术：_____

※ 活动评价 ※

张宝和林多通过总结同类目直播间的主播人设，选择了合适的人设标签。他们选择了"平凡亲切、对吃很有研究，经常说'太好吃了'"等人设标签。要注意必须要设置的是"正能量"的人设，不弄虚作假，树立社会主义核心价值观。

活动 2 选择合适商品

活动背景

确定人设后，张宝和林多需为直播间进行选品，休闲零食专营店的产品很多，按照宝贝分类有糕点点心、面包蛋糕、坚果炒货等 15 个品类，共计 800 多个单品。怎么安排每场直播的商品呢？张宝和林多向工作室企业导师提出了疑问，企业导师从选品原则、误区、方法等方面给他们进行了指导。

课前引入

进入淘宝直播，选择 3 家休闲零食店的直播间，点击购物袋，按照购物袋顺序采集购物袋前5 号在售商品。采集完成后尝试分析选品规律（完成表 3.1.3）。

表 3.1.3 直播间商品采集表

直播间名称	1 号商品	2 号商品	3 号商品	4 号商品	5 号商品

□ 知识窗

直播带货三要素包括人、货、场，其中选品是对"货"的准备。直播团队需对每场直播商品进行精心选择和策划。选品的好坏直接影响直播销量。

1. 选品容易出现的误区

（1）购物袋商品过多

每场直播根据直播时长以及配合店铺销售需求确定"购物袋商品"（见图 3.1.3），"购物袋商品"不宜过多。以 2 个半小时的直播为例，一般来说，选定 10~25 个购物袋商品即可。

图 3.1.3 直播间"购物袋商品"

（2）只选高利润商品，过度透支粉丝价值

在直播间中只选高利润商品，容易流失对价格敏感的粉丝。直播带货应通过货品组合，加入低利润商品，吸引价格敏感、对产品信息搜索能力差的人群。

（3）同品类同属性商品过多

很多直播间的观众有购物选择困难、产品辨别能力较差的特点。因此，每场直播选择的同品类、同属性的商品过多会降低直播间的转化率。

2. 直播间选品法则

直播间选品需考虑粉丝画像、店铺销售需求和商品特性，根据商品类型不同对直播商品进行排列布局，从而达到最佳带货效果。

（1）根据粉丝画像选品

通过各种数据分析工具，如生意参谋的"直播"板块、知瓜数据、蝉妈妈等，了解直播间的观众性别、年龄、喜好以及与店铺成交人群相似度等。直播间的选品应该以满足粉丝需求为优先原则，通过粉丝画像了解粉丝需求，重点规划直播间推送商品，提高直播间转化率。

（2）配合店铺销售选品

选品还需考虑店铺的销售计划和营销目的，可选择热卖爆款产品、应季产品和活动促销商品等。

（3）按分类组合排列

直播间商品分为引流款（福利商品）、爆款（冲量商品）、利润款（主推商品）、形象款（高价商品），直播商品根据直播时段进行排序（见图3.1.4）。

引流款：又称"秒杀福利"，质优价廉、快速消耗、适合大量铺货，用来为店铺和店铺商品带来流量。

爆款：顾名思义，就是非常火爆的商品，高流量、高曝光量、高订单量、低利润是它的具体表现，用来提升直播间GMV（成交总额）。

利润款：利润空间大，使用频次高，适合组合出售或限时优惠，是主要利润来源。

形象款：知名品牌、独家，主要用来提高直播间消费层级，培养粉丝消费习惯。

数量规划建议：爆款为5%~10%，引流款为20%~30%，利润款为50%~60%，形象款为5%~10%。

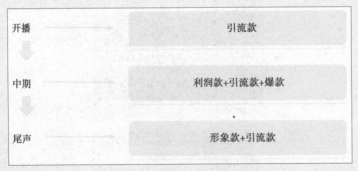

图3.1.4 直播间选品按分类进行排序

活动实施

⊙填一填⊙　为休闲零食品类直播间选品，填写选品登记表。

以小组为单位，为休闲零食店 3 月 8 日晚的直播活动进行选品。

步骤 1：根据粉丝画像选品。登录百度指数搜索"零食大礼包"等关键词，查看需求图谱以及人群画像，完成收集并填写表 3.1.4。

表 3.1.4　粉丝画像收集表

关键词	相关词热度前 5	省份前 5	年龄前 2	性别前 1
零食大礼包				

步骤 2：根据搜索相关词及人群偏好分类选择商品，把商品填在表 3.1.5 中。

表 3.1.5　选品登记表

相关词	引流款	爆款	利润款	形象款
零食大礼包	例：29.9 元零食大礼包			

步骤 3：小组开展选品分析会，每位同学就选品原因进行说明，并对选品在直播间的推送顺序进行排序。

※ 活动评价 ※

张宝他们发现选品要根据粉丝画像及需求进行。为了提高粉丝黏性，避免过度消费粉丝价值导致掉粉，每场直播要按照正确的分类及结构进行选品、排序。

活动3　设计封面和标题

活动背景

选品后，接下来张宝他们开始设置直播前的直播计划，设置重点包括直播标题、直播封面等。

课前引入

浏览淘宝直播间（见图3.1.5），选出吸引你的直播间标题及封面，分析原因。

图3.1.5　淘宝直播间封面及标题

🔲 知识窗

大部分直播间观众对直播封面的停留时间不超过2秒，要在2秒内吸引观众点击，封面和标题就显得尤为重要，封面和标题的好坏会影响直播观看人数。

1. 标题撰写方法

主流直播电商平台对直播标题有统一的规范要求，一般不允许标题使用极限词、虚假促销信息，如全网最低、倒闭、清仓等。在写标题前要了解平台规则，避免处罚。

标题的撰写可以从以下三个要点着手：直戳痛点、福利吸引、突出重点。

（1）直戳痛点

以某产品或某话题中的核心烦恼为中心，结合产品对痛点的作用，运用到标题中。例如：

> ▲【电动牙刷】
>
> 直播间标题：献礼女王，唇红齿白
>
> ——"唇红齿白"戳中了女生爱美的痛点
>
> ▲【新生奶粉】
>
> 直播间标题：如何为宝宝选择合适奶粉
>
> ——如何选择合适的奶粉是新手父母共同的难题

（2）福利吸引

福利型的直播标题可吸引对价格敏感的消费群体，通过直播间的专享福利来吸引观众点击观看。例如：

> ▲【节日促销】
>
> 直播间标题：妇女节来啦！全场五折起
>
> ▲【日常福利】
>
> 直播间标题：全店满减，新品折上折

（3）突出重点

运用可传递情绪或加深印象的标点符号和字词来突出重点，如爱心、玫瑰花等图标。

> ▲【三八妇女节】
>
> 直播间标题 1：{妇女节}周三免费送新衣！！！
>
> ——添加中括号及 3 个感叹号，在众标题中与众不同，吸引到了观众的注意
>
> 直播间标题 2：抢！女神专属好礼！
>
> ——利用"抢"来营造紧迫感
>
> 直播间标题 3：唤醒女性健康，不做春日"病美人"
>
> ——双引号突出重点"病美人"，吸引关注

2. 封面设计要点

（1）把握好封面的尺寸

直播间封面有三种规格，分别是 1∶1，3∶4，16∶9，不同尺寸的封面适配不同曝光位推送。如淘宝直播中主要以 3∶4 规格的封面展示，在"品牌好货"中则以 16∶9 的规格推送（见图 3.1.6）。

（2）选择好表现主体

封面图出现观众想要购买的产品、信任的主播或感兴趣的信息，都会容易吸引他们点击。因此，直播封面的主体包括商品、主播和生产场景。以商品为主体的封面应该选择具有视觉冲击力的商品图片（见图 3.1.7）。

（3）适当添加活动文案

在举办大型活动时，可以在封面中适当添加文案，对标题进行补充，如图 3.1.8 所示。

图 3.1.6　淘宝直播"品牌好货"直播封面

图 3.1.7　单品为主体的直播封面　　　图 3.1.8　带活动文案的直播封面

活动实施

✎ 做一做　按照活动 2 的选品结果为休闲零食店设计"三八妇女节"直播活动的标题及封面。

步骤 1：按照标题撰写法分别拟出三个标题，在小组内讨论并选出最优的标题，不超过 20 个字；

直戳痛点：_____

福利吸引：_____

突出重点：_____

步骤 2：使用图片处理工具或在线直播封面生成工具（如图怪兽、创客贴等）制作多商品组合封面图，大小为 640 px×640 px 等比例正方形图片，并加入活动主题"妇女节零食专场"文案。完成后，组内互评，评分标准见表 3.1.6。

表 3.1.6　封面图评分标准

序号	标准	分数	得分
1	主体突出，具有吸引力，内容完整	30	
2	商品摆放整洁，构图讲究	10	
3	文案处理得当，与主体相得益彰，没有无关文字、LOGO、水印等	30	
4	背景颜色符合直播间风格	20	
5	大小比例正确，图片清晰，不变形，没有锯齿	10	

※ 活动评价 ※

　　张宝他们在实训过程中懂得要从实际出发去设计封面图，不可过度美化从而虚假宣传。封面信息与主播人设、选品相关联，才能让点击进直播间的观众购买，才能强化正能量的主播人设。

拓展阅读：MCN 机构

任务2 》》》》》》》
做好预热宣传

情境设计

　　距离"三八妇女节"活动直播还有两天，接下来要准备预热宣传。据企业导师说，预热宣传会影响直播的观看人数和转化率。因此，张宝和林多更加重视预热宣传了，他们希望"三八妇女节"促销直播能够顺利进行。

任务分解

　　张宝和林多决定制作海报、文案和短视频进行宣传，选择合适的渠道为本场直播进行预热。接下来，他们需要完成三个活动：设计预告海报及社群宣传文案、制作预热短视频、选定渠道宣传。

活动 1　设计海报和文案

活动背景

　　直播前要做直播预告，预告信息包括直播时间、直播内容以及直播间二维码等，为吸引更多的粉丝关注并进入直播间。张宝他们根据妇女节的直播方案着手制作预告海报和社群宣传文案。

课前引入

　　图 3.2.1 为某卫浴产品的直播预告海报，观察图片中的直播预告海报包含了哪些方面的信息? 将所观察的结果写在下面横线处。

_____

_____

_____

图 3.2.1　某卫浴产品的直播预告

□ 知识窗

1. 直播海报设计

（1）海报尺寸设计

预热直播海报通常是通过微信、微博等社群平台进行宣传，海报的尺寸可设置为 1 080 px×1 920 px，或等比例缩小至 640 px×1 138 px。1 080 px×1 920 px 的常规分辨率可在大部分移动端智能设备"满屏"显示。

不同的宣传渠道，海报尺寸会有不同，例如发布在微信小程序上宣传的直播海报需为 1∶1 的比例。确定海报尺寸时应先了解宣传渠道，根据平台要求进行制作。

（2）海报主体设计

海报的主体分为产品和人物两种。

以产品为主的海报：适用于新手主播或主播不固定。可设计产品组合（见图 3.2.2）或具有视觉冲击力的单品。

以人物为主的海报：适用于固定主播或邀请嘉宾，为产品背书。海报的主体以主播或嘉宾照片为主，单人海报人物一般占据版面的三分之二区域，多人海报则采用矩形、三角形的构图即可。

图 3.2.2　以产品为主体的直播预告海报

（3）海报背景设计

海报背景的设计以简约风格为主，起到烘托氛围和补充画面元素的作用，可选用网格、渐变色彩以及纹理背景。配合产品或活动内容选择合适的背景色系，暖色系（如红、橙、黄）

的背景让人有温暖、热情的感觉，冷色系（如蓝、绿）的背景让人有清爽、干净的感觉。

（4）海报标题设计

海报标题要与直播主题契合，通常设计在版面的上下两端。标题包括有主标题和副标题，主副标题的文字设计包括字体、大小、排版都会影响到版面的视觉效果。

主标题需契合直播主题，选用视觉表现力较强的字体，如粗体、立体字体、轮廓字体等。

副标题字数较多，文案包含直播时间、主播介绍、产品信息、促销信息等，注意编排、主次分明。

2. 撰写社群宣传文案

通过微信、微博等社群平台进行直播预告时，除了海报外还可采用社群宣传文案。常见的直播预告文案包括产品清单型、抽奖福利型和悬疑好奇型三种。

（1）产品清单型

当直播选品较受欢迎或有价格优势时，可使用简单直接的产品清单型文案。例如：

> ▲【多品类】
>
> 今晚 8:15，某品牌限定色号口红，元气乳茶，杏花月饼……等你来！
>
> ▲【单品类】
>
> 羊肉汤泡一个馍，不够再来碗 biangbiang 面，最纯正的陕西本土好物，我们直播间全部带给你们。

（2）抽奖福利型

直播预告中可使用的福利方式包括转发抽奖、发红包、抽奖、大额优惠券等。例如：

> ▲【美食大礼包】
>
> 转评赞抽 20 位送美食大礼包一份，今晚准备好，54321 上链接，直播间等你哦。
>
> ▲【大额优惠券】
>
> 家人们一定要看我这期的直播，有惊喜哦！进入直播间抽取大额优惠券，别说我没告诉你哦，今晚 8:00 我们不见不散！！

3. 悬疑好奇型

预告文案中通过设置引发观众好奇的话题来吸引关注。例如：

> ▲【知名主播】
>
> 某主播首次直播时就用到了这类型的文案：
>
> 如果不是全网最——怎么会让上千万人挤在一个屋子里买东西？（直播倒计时 5 天）
>
> 如果不是全程都——怎么会让不买东西的人也舍不得离开？（直播倒计时 1 天）

活动实施

✎ 做一做   为休闲零食店的妇女节直播活动制作预热海报和社群宣传文案。

步骤 1：确定直播的时间、主推商品、直播主题、直播促销活动等信息，填写表 3.2.1；

表 3.2.1　直播相关信息汇总

直播时间	主推商品	直播主题	直播促销活动

步骤 2：准备海报素材，汇总至表 3.2.2；

表 3.2.2　直播预告海报素材

项目	直播间二维码	商品 1 图片	商品 2 图片	商品 3 图片	其他
是否已准备					

步骤 3：登录"图怪兽"，搜索"直播预告"，选择"餐饮美食"，挑选适合本次活动的直播海报模板，可直接进行编辑，或参考该海报模板，使用图片处理软件进行绘制；

步骤 4：按照知识窗中的常见宣传文案格式，为本次直播设计一条社群宣传文案。

_____

_____

※ 活动评价 ※

张宝他们通过学习基本掌握了直播预告海报和宣传文案的制作方法，其中最难的是标题文案的提炼，因此还要努力提高文案编写水平。

活动 2　制作预热短视频

活动背景

除了利用海报和文案预热外，还可以通过短视频预热，进行多渠道传播。短视频有直观、信息量大、更具吸引力等优点。一些短视频平台还会对优质的预热短视频进行官方助推，为直播间引流。张宝和林多决定制作一则预热短视频，试试能否助力直播。

课前引入

通过互联网搜索一则直播预热短视频，观看并分析该视频与传统视频广告有什么区别。

🖿 知识窗

开播前发布预热短视频，一方面是为了维护私域粉丝，另一方面是增加曝光，吸引新人关注。

在引流平台上发布预热短视频，将未来的直播活动信息曝光给已关注的粉丝、平台用户，从而增加曝光、获取粉丝、达到直播间引流目的，这就是直播预热短视频推广的原理。

1. 优质短视频的要求

优质的预热短视频在直播预热中起到事半功倍的作用，一个优质的预热短视频应该要注意几点：

（1）短视频制作要求

原创、首发的竖版短视频会让平台认为是优质视频。视频封面要求清晰吸睛，主题突出，视频内容垂直，与以往主题一致。

（2）短视频内容设计

一个优质的短视频内容要考虑对目标顾客是否具有价值，可以是直播间的好物推荐、直播间优惠券领取方法、直播间嘉宾的互动等。优质有价值的视频内容可以提高视频点击率，从而达到引流目的。

（3）短视频推广策略

短视频一般开播前两天开始发布，一开始可尝试小额付费推广，然后通过播放量、获客成本等数据分析短视频是否具有潜力，效果好则继续付费投放。衡量预热效果好坏，可通过直播开播后第一个小时内的观看数据来看。

2. 预热短视频的形式

直播预热短视频常见的有以下几种形式：

（1）直接型预告

直接型预告主要用于吸引私域粉丝，直接真人出镜告诉粉丝开播时间和内容。想吸引未关注的观众，就需要留点悬念，勾起观众好奇。这种预告方式适合有关注热度的主播。

（2）福利型预告

福利型预告通过预告直播福利吸引观众关注，这种方式适合具有较大福利优惠的直播活动。例如某主播在直播前发布福利预告（见图3.2.3），告诉观众5.21元就能买汽车。

图3.2.3 直播福利预告

（3）植入型预告

植入型预告类似广告植入，在日常短视频中植入直播预告，在视频最后定格直播预告海报，让观众不经意间注意到直播预告信息。这种方式适合短视频质量较高的内容型主播。

（4）直播片段型预告

这种预告类似花絮，将上一场直播中有趣的片段截取下来，为下一场直播造势引流。

活动实施

✎ 做一做　为休闲零食店"三八妇女节"的直播活动制作一则预热短视频。

步骤1：根据休闲零食的产品特点和主播人设，选择合适的预热短视频方式。

预热短视频方式：_____

步骤2：进行短视频策划，一句话描述短视频内容。

预热短视频内容：_____

步骤3：撰写短视频脚本。

可以参考以下分镜头视频脚本（见表3.2.3）。

表3.2.3　分镜头短视频脚本

镜头	摄法	时间/s	画面	解说	音乐
1	采用全景，背景采用学校花坛，机器不动	1	男1叹气	男1：唉。	采用轻松欢快类音乐
2	采用全景，背景采用学校花坛，机器不动	2	男2过来安慰	男2：怎么了？唉声叹气的。	采用轻松欢快类音乐
3	采用全景，背景采用学校花坛，机器不动	3	男1说出烦恼原因男2说出解决办法	男1：手机内存又满了，上微信都卡；男2：删掉一些废弃照片呗。	采用轻松欢快类音乐
4	采用全景，背景采用学校花坛，机器不动	2	男1说出为何不删照片	男1：我手机里的照片都是曾经美好的回忆，舍不得删怎么办？	采用轻松欢快类音乐
5	采用全景，背景采用学校花坛，机器不动	4	男2解说相册	男2拿出一本相册说：你看这是我新买的相册，里面存着我各种的照片，你看这是我和初中同学的合照，这个是我之前去旅游的照片，相册精美，容量大，最重要的是便宜。	采用轻松欢快类音乐
6	采用全景，背景采用学校花坛，机器不动	1	男1询问购买方式	男1：那我要去哪里买呢？	采用轻松欢快类音乐

镜头	摄法	时间 /s	画面	解说	音乐
7	采用全景，背景采用学校花坛，机器不动	2	男 2 指出购买链接	男 2：很简单，点击视频下方链接就可以购买啦，今晚 8 点进入直播间更加优惠。	采用轻松欢快类音乐

步骤 4：拍摄素材，使用剪映等短视频剪辑软件进行剪辑、配音。

步骤 5：在短视频平台发布。

※ 活动评价 ※

张宝他们经过活动学习后发现一个优质的短视频的制作需要素材和技术的配合，平时要积攒有用素材，多参考同行的预热短视频，精益求精，提高短视频质量。

活动 3　选定渠道宣传

活动背景

制作好预热海报、文案和短视频后，接下来要着手宣传。为了能让更多人知道直播开播时间，就需要扩大宣传范围，张宝他们开始梳理可以使用的宣传渠道。

课前引入

很多知名主播会在微博进行直播预热，预热形式多样，请选择一个主播，浏览主播微博内容，找出一条预告直播的微博，将找到的文案写在下面横线处。

_____

_____

_____

□ 知识窗

直播预热是为了提高直播间流量，直播间流量分为三种：已关注的粉丝、平台引流、平台外引流。

①面对已关注的粉丝，直播预热要考虑信息是否触达；

②面对平台引流，直播预热要关注预热短视频是否受到平台助推、是否需要付费推广；

③面对平台外引流，直播预热则要注意是否实现了多平台消息的互通互利。

直播预热的主要渠道有两种：自有渠道和合作渠道（见图 3.2.4），其中已关注的粉丝主要来源于自有渠道，平台引流和平台外引流流量主要来源于合作渠道。

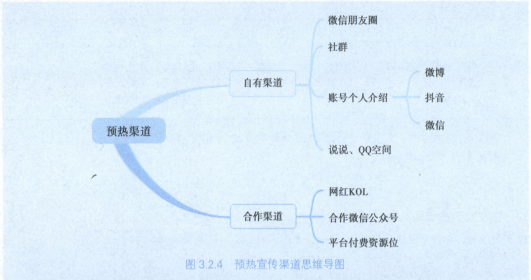

图 3.2.4　预热宣传渠道思维导图

①自有渠道。自有渠道包括企业的微信个人号、微信公众号、微博账号、抖音账号、自建社群、员工的微信朋友圈等。自有渠道触达已关注的粉丝以及私域流量，目标性比较强，粉丝质量比较高。开播前几个小时在自有渠道进行多次预告，把直播的预告和优惠活动通过这些渠道传达给粉丝，吸引转化率高的粉丝进入直播间。

②合作渠道。与行业 KOL（Key Opinion Leader，关键意见领袖）和其他自媒体平台合作，或使用平台的付费资源位。如与其他直播间合作，分别在各自的私域中互助预热宣传，这样可以获得双倍的效益。

活动实施

📝 **做一做**　为休闲零食店"三八妇女节"的直播活动进行多渠道宣传。

步骤 1：列出可以进行直播预热宣传的渠道。

自有渠道：＿＿＿＿＿＿＿＿＿＿＿＿＿＿＿＿＿＿＿＿＿＿＿＿＿＿＿＿＿＿＿＿＿＿＿＿＿

合作渠道：＿＿＿＿＿＿＿＿＿＿＿＿＿＿＿＿＿＿＿＿＿＿＿＿＿＿＿＿＿＿＿＿＿＿＿＿＿

步骤 2：选择其中一个渠道发布预告，例如登录微博进行预告。

步骤 3：在微博昵称（见图 3.2.5）、个人简介（见图 3.2.6）中进行直播预告。

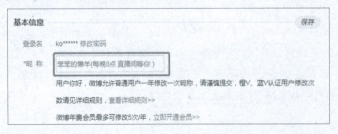

图 3.2.5　在微博昵称上加直播预告

图 3.2.6　在微博简介中加上直播预告

需注意的是，微博昵称不能经常修改，只适合于固定时间的直播预告。微博简介可以经常修改，但在发布微博时不方便看到。

步骤 4：结合任务 2 各个活动中所制作的预热海报、文案、短视频，发布一条微博，可带上话题（见图 3.2.7）。

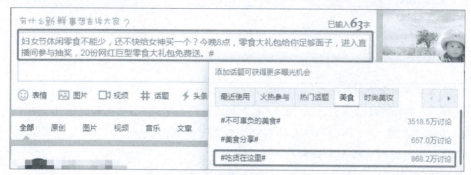

图 3.2.7 发布带话题的直播预告微博

※ 活动评价 ※

张宝和林多通过多渠道进行了直播预热，可有效地帮助直播间带来更多的人气，促进直播活动达到预期营销效果。

拓展阅读：短视频分镜脚本怎么写？

任务3 配置直播资源

情境设计

经过前期的培训实践，张宝、黄东、林多和袁讯组成的小组逐渐熟悉了直播电商的基本理论知识，公司安排小组到直播间开展新的实训活动，了解直播间的环境搭建技巧，熟悉各种直播设备的基本操作，为直播做好前期的准备工作。

任务分解

为尽快熟悉直播间的环境，张宝他们需要提前学习直播设备的基本参数和操作流程，同时在企业导师的指导下，尝试搭建一个直播间，为直播做好前期的准备工作。

活动 1 准备道具设备

活动背景

同学们在企业导师的带领下开始学习直播所需设备的专业知识，熟悉设备如何去设置与测试等操作，如何为直播配置完善的设备。

课前引入

根据所见的直播活动，请写出直播所需的设备名称。

（1）手机直播：_____

（2）电脑直播：_____

📖 知识窗

1.直播电商所需的基本设备

如今，直播电商带货潜力无限，工欲善其事必先利其器。一场出色的直播体验不仅需要主播现场带动氛围，更需要借助整套的科技设备来呈现直播现场出色的状态。

直播电商所需的基本设备如下：

● 电脑。电脑直播需要高配置的电脑，主要是对中央处理器（CPU）的要求较高，选择 I5 以上的处理器，让直播过程顺畅不卡顿。

● 手机。手机直播（见图3.3.1）需要一部内存充足、摄像头像素高、性能稳定的手机。

● 外置声卡。声卡主要是将声音进行各种加工，选择适合自己音质的处理效果的声卡，让声音多元化。

● 麦克风。麦克风分为动圈麦克风和电容麦克风，大部分主播使用的都是电容麦克风。优质的麦克风可以呈现很好的音质效果，既不会失真，又让声音充满磁性和魅力。

● 监听耳机。直播要密切关注自己的表演效果，以免出现不协调的状况，监听耳机可以帮助及时调整直播内容和状态。

● 摄像头。直播首先看的是画面感，一个高清晰的摄像头可以为观众带来更真实的视觉体验（见图3.3.2）。

图3.3.1　手机直播

图3.3.2　专业摄像机直播

● 背景。好的直播背景能给观众带来舒适的视觉享受，利用布景墙、彩灯等搭配可以打造出一个优质的直播间。

● 补光灯。补光灯的功效就是通过自由调节镜头的亮度进行画面镜头补光和美颜。主流的补光灯主要有两种：光圈补光灯和灯箱。

● 支架配件。用于支撑手机、话筒、补光灯等设备，便于更好地开展直播活动。

● 网络。高速稳定的无线网络或有线网络是开展直播的基础保障。

2.常见的直播带货设备配置方案

（1）移动式直播需要的设备

一般做服装、鞋子这类带货的主播需要不停移动，以便展示产品的上身效果。移动式直播最常使用的方式是"声卡 + 电容麦克风"设备搭配（见图3.3.3）。

声卡支持手机直接连接，无须转换器，使用方便快捷，麦克风拾音清晰纯净。除了这一种设备，还可以使用非常简易的枪型麦克风或者领夹麦克风（见图3.3.4）。

或者可以用"领夹麦克风 + 声卡"（见图3.3.5）的搭配方式。

图3.3.3 声卡 + 电容麦克风　　图3.3.4 领夹麦克风　　图3.3.5 领夹麦克风 + 声卡

（2）桌面式直播需要的设备

美食、美妆类的主播一般使用桌面式直播。桌面式直播可以用电脑直播、手机直播或者电脑和手机一起直播。

● 手机直播：桌面式直播最常用的设备搭配方式是"手机声卡 + 电容麦克风"（见图3.3.6）。

手机声卡可直接连接手机，无需转换器，使用起来方便快捷，声卡搭配电容麦克风使用可以实现丰富的直播音效，操作界面简单，电容麦克风拾音灵敏，音质比较好，必要时也可兼容电脑使用。

● 电脑直播：使用电脑进行桌面直播，可选择"电脑声卡 + 电容麦克风"（见图3.3.7），特点是稳定性强、音质好，但电脑需要另外加摄像头。

图3.3.6 手机声卡 + 电容麦克风　　图3.3.7 电脑声卡 + 电容麦克风

● 手机和电脑一起直播：同时使用手机和电脑进行桌面直播，可选择"电脑声卡 + 电容麦克风 + 转换器"（见图3.3.8）。

图 3.3.8　电脑声卡 + 电容麦克风 + 转换器

（3）多平台直播需要的设备

多平台直播可分为桌面式、移动式和移动加桌面组合式。

- 多平台移动式直播可选择"领夹麦克风 + 声卡 + 耳放 + 转换器"（见图 3.3.9）。
- 多平台桌面式直播可选择"电容麦克风 + 声卡 + 耳放 + 转换器"（见图 3.3.10）。

图 3.3.9　领夹麦克风 + 声卡 + 耳放 + 转换器　　图 3.3.10　电容麦克风 + 声卡 + 耳放 + 转换器

- 多平台移动加桌面式直播可选择"电容麦克风 + 声卡 + 领夹麦克风 + 转换器 + 耳放"。

活动实施

🔍搜一搜　归纳、对比手机直播与电脑直播的优缺点。

步骤：通过互联网搜索不同表现形式的直播案例，对比手机直播与电脑直播的优缺点，并填写表 3.3.1。

表 3.3.1　直播种类对比分析表

直播种类	优点	缺点
手机直播		
电脑直播		

🔍搜一搜　为直播寻找好设备。

步骤 1：4 人为一组，根据所学制订一套直播设备采购方案。

步骤 2：在各大电商平台搜索相关设备的参数和价格。

步骤 3：对比各种设备的性能后，小组讨论确定一套适合的直播设备，完成表 3.3.2 的设备采购清单。

步骤 4：完成表格后，小组成员间互相讨论，选出小组代表分享采购成果。

表 3.3.2　直播设备采购清单

直播设备采购清单					
序号	设备名称	品牌	基本参数	特性	价格
1					
2					
3					
4					
5					

※ 活动评价 ※

　　张宝及其小组成员通过理论学习和实训活动基本掌握了直播设备的基础知识以及直播设备的搭配技巧，通过小组任务也让小组成员更加了解直播设备的性能与操作，培养小组合作的意识，强化沟通分享的能力，提高学习的积极性和效率。

活动 2　搭建直播场地

活动背景

　　同学们熟悉了直播所需的各种设备后，跟随企业导师布置直播间，继续学习如何高效搭建一个直播环境场景，为直播做好充足的准备工作。

课前引入

　　根据所见的直播活动，说说你所喜欢直播间的购物环境有哪些特色。

_____

_____

知识窗

　　直播环境，顾名思义，就是指主播在直播时所处的环境。这个环境最好是一处独立、安静的空间，面积足够即可。通常不建议在周边存在噪声干扰的地方直播。

　　当观众点击进入直播间时，直播间的整体搭建是观众的第一印象。直播间的搭建和直播设备，对直播间的观感和直播带货效果有着至关重要的作用。

　　一个好的直播环境需要注意以下方面的设置：

　　1. 场地的选择

　　一个优秀的直播间的标准是：饱满而不拥挤。既能让观众感受直播间的丰富和视觉上的舒适，又不至于太过拥挤。直播场地的大小要根据直播的内容进行调整，大致控制在 $5\sim20\ \mathrm{m}^2$。另外，要提前测试场地的隔音和回音情况，如果隔音不好或者回音太重，都会影响直播的正常进行（见图 3.3.11）。

2. 背景的设置

在确认场地后，要对直播间进行适当的面积划分和设计，考虑每个部分需要放什么东西，衡量在镜头里呈现的效果。直播间的背景建议和直播封面的背景类似，最好选择浅色、纯色背景墙，以简洁、大方、明亮为基础打造，不要太过花哨。一般不建议直接用白色墙面作为背景，因为白色在灯光的作用下会反光，展示产品时，容易给观众造成镜头模糊、看不清楚的困扰。

3. 产品陈列架

产品陈列架，是放置直播间产品的一个货架（见图 3.3.12），辅助展示产品的同时让直播间看起来整洁有序。产品陈列架不是必需品，如直播间较小可直接将当期直播的产品摆放在镜头前。

图 3.3.11　直播间环境

图 3.3.12　服装产品陈列架

4. 产品介绍板

产品介绍板是主播在介绍产品时，对产品进行动态的播放，对主播来说是一种补充说明。在搭建时，可以专门设置电子板或投影仪来代替无法自动切换的黑板。

主播介绍是基于产品本身，而电子板播放广告或者宣传片时打造的场景能帮助唤醒观众线下消费的记忆，促成交易。

5. 地面地毯

在比较宽敞的直播间，可以考虑在直播间铺设吸音毯来降低直播混响。直播间地面可以选择浅色系地毯、木地板，通常在展示美妆、服饰、美食、珠宝等产品时使用，更凸显产品的品质。

6. 主播走位设置

主播走位设置是指在直播过程中，规划好主播活动的区域和路线，适用于服装类和运动类直播。提前设置主播走位，调试好能最大程度展示产品效果的角度，时刻考虑主播的站位是否能展现产品的优点，防止主播走出镜头。

路线设置用一句话来总结就是：两点一线一区域。两个点分别是主播近镜头展示细节的位置和能走到的最远距离进行定格展示的点，一线是路线的划定，一区域则是指主播活动的区域，直播时提醒主播不能超过这个区域。

活动实施

🔍 **搜一搜**

归纳对比不同直播间环境的优缺点。

步骤 1：4 人为一组，浏览各大知名主播的带货直播间。

步骤 2：对比各种直播间环境后，小组讨论优缺点，完成表 3.3.3 直播间环境对比分析表。

表 3.3.3　直播间环境对比分析表

直播间名称	带货品类	优点	缺点

✏ **做一做**　搭建一个合适的直播间。

步骤 1：4 人为一组，依据所学知识尝试搭建一个直播间。

步骤 2：上网搜索相关资料，小组讨论直播间的定位和风格。

步骤 3：小组成员将搭建方案，通过文字和图片的方式制作成 PPT 演示文稿。

步骤 4：完成演示文稿制作后，选出代表分享搭建创意。

步骤 5：选择一个可行搭建方案，现场进行布置，供观摩。

※ 活动评价 ※

　　张宝及其小组成员通过理论学习和实训活动基本掌握了直播间环境布置的基础知识，通过小组任务也让小组成员更加认识到直播环境对带货的重要性，同时通过搭建操作强化了沟通分享能力，培养了脚踏实地的工作态度。

拓展阅读：虚拟场景直播
是带货直播的发展趋势

任务4 ⟫⟫⟫⟫⟫⟫
设计直播脚本

情境设计

　　张宝和其他小组成员在布置好直播间环境后，来到公司的文案策划组，开始接触直播脚本的撰写。他们通过跟岗学习，了解到直播脚本对于一场直播的重要性，脚本涉及直播过程的每一个环节，有了脚本就可以非常方便地为主播每一分钟的动作行为进行指导，让主播清楚在某个时间该做什么，讲解出更多产品和服务的内容。

任务分解

要学习直播脚本的设计撰写,林多他们需要提前学习直播脚本的概念特点和重要作用,同时还需要了解直播脚本的构成和撰写的技巧,为直播每一个环节做具体的计划安排,这样才能开展一场顺畅而高效的直播。

活动1　了解直播脚本要素

活动背景

同学们在学校指导老师的带领下开始学习直播脚本所需具备的专业知识,熟悉脚本撰写的基本内容和框架,通过课后活动来巩固知识。

课前引入

根据自己的所见所闻,谈谈直播脚本对直播电商的重要性,并将你的想法写下来。

_____

_____

🔲 知识窗

1. 直播脚本的含义

脚本通常是一种计算机专业术语,是使用特定的描述性语言,依据规定的格式编写的可执行文件。这也被用到了表演戏剧和拍摄电影,是指表演戏剧、拍摄电影等所依据的底本或者书稿的底本,是故事的发展大纲,用以确定故事的发展方向。

直播电商脚本,是指通过书稿的方式写出一个框架底本,结合粉丝需求,是一项计划和规划,可按照这个内容来进行直播,目的是让直播活动朝着预期的方向有序地进行。

2. 直播脚本的分类

对于直播电商来说,直播脚本分为单品直播脚本和整场直播脚本。

单品直播脚本(见图3.4.1)就是针对单个产品的脚本,以单个商品为单位,规范商品的解说,突出商品卖点。

单品直播脚本							
主播安排	品牌介绍	产品数量	产品图片	产品卖点	利益点	日常价	直播活动价
需求引导							
直播时间安排							

图 3.4.1　单品直播脚本样图

整场直播脚本(见图3.4.2)就是以整场直播为单位,规范正常直播节奏流程和内容。

整场直播脚本				
直播主题				
直播时间		直播地点		
商品数量		道具准备		
主播介绍				
场控人员		运营人员		
时间段	直播流程	主播	场控	主推产品
	预热、开场			
	讲解产品			
	结束预告			
预告文案				
注意事项				
直播流程细化				
直播预热				
话题引入				

产品讲解	序号	产品名称	产品图片	产品卖点	利益点	直播优惠	备注
结束预告							

图 3.4.2 整场直播脚本样图

3. 整场直播脚本的主要构成要素（见图 3.4.3）

图 3.4.3　整场直播脚本的主要构成要素

（1）直播主题

直播主题是直播的核心，整场直播的内容需要围绕中心主题进行拓展。只有在确定了直播主题以后，才能制订后续计划。

（2）人事安排

详细分配现场直播参与者之间的分工。例如，主播负责引导观众、介绍产品、解释活动规则；助播负责现场互动、回答问题和发送优惠信息；后台客服负责修改产品价格、与粉丝沟通、转化订单等。

（3）时间和地点

设定直播时间并严格执行，直播时间不宜频繁更改，固定的直播时间有利于粉丝养成准时观看直播的习惯。

不同品类的直播地点有所不同，如农产品的直播可以选择农场现场直播，厨具用品的直播可以选择厨房现场直播。

（4）预告文案

预告文案的设计目标是进行直播开播前的预热引流。

（5）时间节点

现场脚本，具体到分钟，尽可能多地计划时间，并遵循计划，如 20:00—20:15 预热开场，20:15—20:30 第一件产品直播讲解。

（6）流程细节

流程细节指的是直播现场流程的设计，包括直播预热、话题引入、产品讲解、粉丝互动和结束预告，其中粉丝互动穿插在各个流程细节中。

活动实施

🎤 说一说　讨论一场直播的主题。

步骤 1：4 人为一组，通过讨论分析组织一场直播需要做哪些前期的策划活动。

步骤 2：结合本地区的产业特色，策划一个主题直播活动，分析主题的意义和特色。

步骤 3：将小组讨论的结果填入表 3.4.1 中，完成后派一名代表分享小组观点。

表 3.4.1　直播主题分析表

直播主题	
直播产品	
优势特色	

◇看一看◇　分析直播现场人员的安排。

　　步骤：通过直播平台选择现场直播参与者超过两人的直播间，回看某一时段直播内容，根据项目 1 所学的岗位类型去分析本场直播过程中的人员安排，并把所观察的信息填入表 3.4.2 中。

表 3.4.2　直播人员安排分析表

直播主题		直播时间	
直播地点		产品数量	
序号	岗位类型	工作内容	
1			
2			
3			
4			
5			

张宝及其小组成员通过理论学习和实训活动基本掌握了直播脚本的基础知识，通过小组任务巩固知识的同时也让他们对直播前工作有更深入的认知。

活动 2　规划直播 SOP 流程

活动背景

通过前期理论知识的学习，学习小组观看了优秀主播的带货录像，梳理了其中的直播现场流程，对照自己规划的直播脚本进行修改和完善，为直播做好充分的准备工作。

课前引入

在一场有多品类产品的直播活动中，思考如何安排产品的直播顺序。

🖵 知识窗

在直播带货过程中，优秀的直播脚本一定要考虑到细枝末节，让主播从上播到下播都有条不紊，让人员、道具都得到充分的调配。因此，直播脚本需细化每一个直播现场环节，规划出标准化直播现场流程（即直播 SOP 流程），包括详细的时间节点以及在该时间节点内主播要做的事和说的话。

需要注意的是，脚本不是一成不变的，需要不断优化、不断调整。

一般的直播现场流程包括以下 5 个环节（见图 3.4.4）。

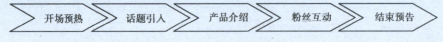

图 3.4.4　直播现场流程图

①开场预热：打招呼、介绍自己、欢迎观众到来，介绍今日直播主题，利用现场活动吸引观众停留等。

②话题引入：根据直播主题或当前热点事件切入，目的是活跃直播间气氛，激发观众兴趣。

③产品介绍：根据产品单品脚本介绍，重点突出产品性能优势和价格优势。

④粉丝互动：直播间福利留人，点关注、送礼、抽奖、促单话术、穿插回答问题等。

⑤结束预告：回顾整场商品，感谢观看，引导关注，预告下次直播时间、产品和福利。

活动实施

✐ 写一写　列举直播粉丝互动形式。

根据自己所见所闻，归纳总结一场直播活动中常见的粉丝互动的形式。

★ 比一比 ★ 对比直播现场流程的优缺点。

步骤 1：4 人为一组，在直播平台中选择两个不同主题的直播活动，认真回看其现场流程的设置。

步骤 2：对比两场直播现场流程的优缺点。

步骤 3：填写表 3.4.3 直播现场流程对比表。

步骤 4：小组成员间互相讨论，选出小组代表分享体验成果。

表 3.4.3 直播现场流程对比表

直播主题	主播人设标签	开场预热	粉丝互动	优惠活动

※ 活动评价 ※

张宝及其小组成员通过理论学习和实训活动基本掌握了直播脚本撰写的要求，通过小组任务也让小组成员更加熟悉直播脚本流程规划表的撰写技巧。

拓展阅读：服装直播
脚本样本

合作实训

实训名称：扶贫助农直播项目——撰写直播脚本

实训背景：张宝及小组成员积极参与了直播间的搭建，熟悉了直播脚本的理论知识。 在企业导师的带领下参与一场扶贫助农直播项目，经过前期的调研和准备，现进入直播脚本的撰写阶段。

实训目的：通过真实的商业直播项目，熟悉直播脚本的撰写，为直播活动做好充分的准备。

实训过程：

步骤 1：组建实践团队，讨论选择任命一名小组长。

步骤 2：通过小组开会，初步确定直播的产品系列和梳理直播前的准备工作，小组长根据成员情况进行分工，明确各项工作的时间要求。

步骤 3：根据企业要求，明确直播各个环节的促销策略，设计粉丝互动环节等。

步骤 4：撰写整场直播脚本，如表 3.4.4，完成后及时反馈给企业导师。

表 3.4.4　整场直播脚本

整场直播脚本				
直播主题				
直播时间		直播地点		
商品数量		道具准备		
主播介绍				
场控人员		运营人员		
时间段	直播流程	主播	场控	主推产品
预告文案				
注意事项	①丰富直播间的互动玩法，提高店铺粉丝由新转老，增加观看时长。②直播讲解占比：60% 介绍产品 +40% 粉丝互动，从内容入手来进行直播间的规模化包装，把控讲解节奏。③尽快熟悉产品和活动信息。			
直播流程细化				
直播预热				
话题引入				

产品讲解	序号	产品名称	产品图片	产品卖点	利益点	直播优惠	备注	粉丝互动
结束预告								

实训小结：通过此次撰写直播流程规划表，小组成员了解了直播活动的特点和流程设计技巧，熟悉了直播脚本的撰写，为接下来的开播做准备。

项目总结

本项目学习小组全面了解了直播前的各项筹备工作，包括确定直播内容和计划、做好预热宣传、优化配置直播设备资源、搭建直播环境、设计直播脚本。本项目是学习小组最忙碌的阶段，通过活动实训更深入了解到直播筹备的专业性和重要性，培养了脚踏实地的工作态度。

项目检测

1. **判断题**（正确的打"√"，错误的打"×"）

（1）主播人设是由主播在直播间说"我是一个怎么样的人"而形成的。　　　（　　）

（2）人设标签必须是一些主播本身具备的、有传播度并符合目标群体需求的标签。

（　　）

（3）打造人设最好根据人气高的主播的特点进行选择。　　　（　　）

（4）引流款是质优价廉、快速消耗的商品，用来提升直播人气和粉丝信任，一般包括店铺热卖爆款、活动爆款、应季网红商品等。　　　（　　）

（5）一般直播前两天就要进行直播预告。　　　（　　）

（6）直播对电脑配置没有特殊要求。　　　（　　）

（7）补光灯的功效就是通过自由调节镜头的亮度来进行画面镜头补光和美颜。

（　　）

（8）直播间的环境标准是饱满而不拥挤。　　　（　　）

（9）为了达到好的直播效果，直播脚本要一直使用固定的模板。　　　（　　）

（10）现场直播的时间要固定，要准时播出，这样可以促进粉丝准时观看直播的习惯养成。　　　（　　）

2. **单项选择题**（每题只有一个正确答案，请将正确的答案填在括号中）

（1）直播间粉丝画像可以通过（　　　）工具进行分析。

  A. 百度指数　　　　　　　　　　　B. 360 指数

  C. 手机千牛　　　　　　　　　　　D. 生意参谋"直播"模块

（2）可以成为直播间的引流款的商品是（　　　）。

  A. 利润商品　　　B. 福利商品　　　C. 主推商品　　　D. 高价商品

（3）"打造自然裸妆好物推荐"这一直播间标题体现了标题撰写的哪项要点？（　　　）

  A. 直戳痛点　　　B. 福利吸引　　　C. 突出重点　　　D. 遵守规则

（4）预热海报采用（　　　）的常规分辨率，基本能够在大部分智能设备当中，以"满屏"的形式显示出来。

  A. 1 080 px×1 920 px　　　　　　　B. 640 px×1 136 px

  C. 640 px×640 px　　　　　　　　D. 1 024 px×1 366 px

（5）主流补光灯主要有两种：光圈补光灯和（　　　）。

  A. 强光灯　　　B. 白炽灯　　　C. 灯箱　　　D. 镭射灯

（6）梳理产品卖点中的产品特征，包括产品功能卖点和（　　　），帮助主持人在介绍产品时给观众提供更真实、准确的信息。

    A.产品大小　　　　　B.产品重量　　　　　C.产品价格卖点　　D.产品原产地

（7）直播电商脚本，是指通过（　　　）的方式写出一个框架底本，结合粉丝需求，是一项计划和规划。

    A.图片　　　　　　　B.书稿　　　　　　　C.视频　　　　　　　D.动画

（8）在直播过程通过提示优惠活动内容和福利发放方式，可以更好地调动直播室的气氛，引导（　　　）。

    A.加关注　　　　　　B.粉丝活动　　　　　C.粉丝消费　　　　　D.粉丝管理

3. 多项选择题（每题有两个或两个以上的正确答案，请将正确的答案填在括号中）

（1）主播人设打造的原则有（　　　）。

    A.正确的价值观　　　　　　　　　　B.干净整洁的形象

    C.良好的表达能力　　　　　　　　　D.过硬的专业知识

（2）人设标签一般通过（　　　）打造。

    A.外形　　　　　　　B.服装　　　　　　　C.话术　　　　　　　D.行动

（3）选品容易出现的误区有（　　　）。

    A.购物袋商品过多　　　　　　　　　B.只选高利润商品，过度透支粉丝价值

    C.同品类同属性商品过多　　　　　　D.在直播初期应推送引流款

（4）以下哪些比例是直播封面常用的尺寸比例？（　　　）

    A.1∶1　　　　　　　B.3∶4　　　　　　　C.16∶9　　　　　　D.1∶2

（5）"所有女生，今晚 20 份神秘大礼包免费大派送，8 点直播间等你哦。"这一预告文案属于什么类型？（　　　）

    A.产品清单型　　　B.抽奖福利型　　　C.悬疑好奇型　　　D.时事热点型

（6）现阶段，直播所用麦克风分为（　　　）。

    A.动圈麦克风　　　B.长麦克风　　　　C.电容麦克风　　　D.短麦克风

（7）直播电商的流程包括（　　　）。

    A.开场预热　　　　B.产品介绍　　　　C.直播复盘　　　　D.粉丝互动

（8）直播脚本一般可以分为（　　　）。

    A.促销脚本　　　　B.整场直播脚本　　C.单品直播脚本　　D.演示脚本

4. 简述题

（1）直播预热自有渠道有哪些？

（2）简述打造直播人设的步骤。

（3）简析手机直播需要哪些设备。

（4）说说直播脚本的重要性。

项目 4
实施篇：实施直播电商活动

☐ **项目综述**

俗话说，一篇好文章既要有"凤头"，也要有"豹尾"，就是说开头要像凤头一样漂亮，结尾要像豹尾一样有力。其实直播也一样，不仅开场要吸引观众，结尾也要让观众有回味之感，才能最大化地促进销售。

通过前3个项目的学习，张宝他们已经具备了直播电商的基本知识，掌握了直播营销活动的策划和筹备的工作要求。为了贯彻落实国家精准扶贫政策，帮助农产品出山，十点钟文化传媒工作室最近正在开展"农产品直播带货"项目，希望能通过直播平台把优质的农产品推广出去，帮助农户增加收入。四个小伙伴加入了项目组，认真学习直播实战技巧，准备大显身手。一起加入他们的学习之旅吧！

☐ **项目目标**

通过本项目的学习，应达到的具体目标如下：

知识目标
◇掌握直播开场的方式技巧
◇掌握产品介绍的常见方法
◇熟悉促进下单转化的技巧
◇熟悉直播收尾的主要方式

能力目标
◇培养学生筛选分析信息的能力
◇提高学生镜头前语言表达能力
◇掌握商务活动的有效沟通技巧
◇培养学生对消费需求的洞察力

素质目标
◇加强学生的团队意识
◇强化学生诚信自律的职业规范
◇推动学生用技能助力扶贫助农
◇引导学生为实现伟大复兴的中国梦贡献青春力量

▢ 项目思维导图

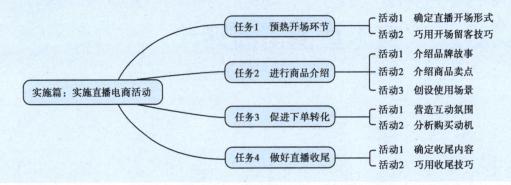

任务1 〉〉〉〉〉〉〉〉
预热开场环节

情境设计

张宝他们在企业导师的指导下，了解到实施直播电商活动的第一步是预热开场环节。首先要确定直播开场形式，然后思考如何利用开场技巧留住观众。除了向企业导师请教，他们还积极地借助网络来进行开场知识的拓展学习。

任务分解

为了控制预热开场的节奏，以最佳的状态开场，吸引观众留在直播间，张宝他们决定先做好计划，选择合适的直播开场形式。

活动1 确定直播开场形式

活动背景

张宝等同学在企业导师的指导下，利用互联网开始学习直播电商的开场形式，然后通过案例分析梳理并巩固知识。

课前引入

以下案例为某公司直播的开场环节。

大家好，我是你们最熟悉的健康小助手康康，欢迎大家来到我的直播间，今天我给大家分享一个亚健康下的养生秘诀。

亚健康，就是指人体处于健康和疾病之间的一种状态。处于亚健康状态的人，会时不时地出现活力降低、功能和适应能力减退的症状。

据研究调查表明，亚健康的检出率在不同性别、年龄和职业上有一定差异，与出生地、民族无关。一般女性的检出率高于男性，40—50 岁年龄段较其他年龄段高发。而导致亚健康的主要原因有：饮食不合理、缺乏运动、作息不规律、睡眠不充足等。

那有什么办法可以很好地改善亚健康状态呢？那就得管住嘴迈开腿，劳逸结合多休息。生命在于运动，每天坚持运动半小时，健康快乐找上门。今天给大家分享一款跑步机，减震功能特别好。自从买了这款跑步机后，一年四季无论什么天气，我每天都坚持慢跑30 分钟，朋友夸我脸色越来越好啦！

试分析案例回答下面问题：

（1）案例中直播带货的产品是什么？

_____

（2）在引出产品之前，用什么内容进行开场预热？

_____

_____

□ 知识窗

1. 直播电商开场设计的要素

在开播时，观众的第一印象非常重要。一个吸引力不够的直播开场，是无法留住观众的。直播电商开场设计需要考虑以下四大要素（见图 4.1.1）。

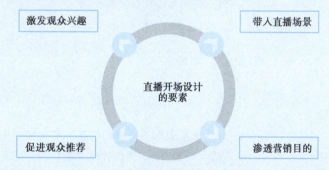

图 4.1.1 直播开场设计的要素

（1）激发观众兴趣

调查分析出观众的兴趣爱好，在开场中代入观众感兴趣的话题，有利于调动观众的积极性。

（2）促进观众推荐

在直播开场时鼓励在线观众邀请朋友进入直播间，对提出邀请的观众给予红包、优惠券等多种奖励，形成裂变，快速吸引新观众。

（3）带入直播场景

观众来自全国各地，不同职业、不同身份的观众正处于不同的场景。只有快速将观众带入直播场景，才能让观众心甘情愿地留在直播间。

例如，"美好生活一起嗨"国美海尔直播的开场场景如下：

主播回到家，"你好电视，我回来了"，随之电视和空调自动打开，窗帘自动关闭。

主播坐在沙发上，"你好电视，我要看节目"，电视开始自动播放节目。

突然一个视频电话打来，电视同步显示并接通视频画面，主播说"接通视频"，朋友和主播打招呼并说："直播快开始了，你快过来吧"，主播回复"好的，我这就来"，说完后视频挂断。

主播起身说："你好电视，我要出门了"，电视和空调随之自动关闭，窗帘自动打开。

通过这样的方式，一开场就把观众带入了未来智家生活的场景，如图4.1.2所示。

（4）渗透营销目的

做直播最终是为了达到营销目的。在设计直播开场环节时可以通过提前预告福利活动留住观众。同时，可将企业广告语、产品名称、销售口号等穿插植入台词中，并利用现场道具对企业品牌进行展示。

图 4.1.2　未来智家生活场景图

2. 确定直播开场形式

常见的直播开场形式有以下7种（见图4.1.3）。

主题介绍　热点开场　福利诱惑　直播开场形式　借助道具　引用故事　数据说服　问题导入

图 4.1.3　直播开场的形式

（1）主题介绍

对于偶然进入直播间的观众来说，直播主题不明确的情况下会很容易离开。因此在直播一开场使用欢迎语后，可加入介绍直播主题的环节，预告对观众有价值的信息。例如：

▲【护肤品直播】

开场话术：欢迎大家来到直播间，点点关注不迷路，主播带你寻好物。今天直播间为大家分享的主题是买护肤品如何避免踩坑。敏感肌、油皮、干皮的女生，应该如何选择护肤品，今天都会一一为大家详细介绍！

（2）福利诱惑

在开场环节通过预告福利可以吸引观众在直播间停留，也有利于粉丝的裂变。例如：

▲【红包雨开场】

开场话术：直播间为你准备 60 万现金红包雨，千万不要错过哦！

▲【大额优惠券开场】

开场话术：进来的家人们，不要着急离开，待会我们将送出超大额优惠券，满减立享超低价格！

直播间抽奖是主播们快速聚集人气，增加观众驻留时长的重要方法。直播抽奖本身就带有一定的"免费"或者"优惠"的性质，观众只要动动手指就能参与抽奖，因此非常具有吸引力。在直播开场话术中，提前预告这些福利活动，可以给观众留下深刻的印象，引导他们时刻关注直播间的抽奖活动。

（3）引用故事

不同年龄段、不同社会阶层的人都爱听故事，以生动有趣的故事作为直播间的开场，对观众也有一定的吸引力。通过一个故事开场，带着观众进入直播所需的场景，能很好地开展接下来的环节。这里的故事可以是古人的故事，也可以是自己身边的真实故事和所见所闻，还可以是在网上看到的小故事。例如：

▲【"抗疫助困"直播】

故事背景：2020 年 4 月，央视主持人和某淘宝知名主播，共同做了一场名为"谢谢你，为湖北拼单"的网络直播，如图 4.1.4 所示。

开场话术：烟笼寒水月笼沙，不止东湖与樱花，门前风景雨来佳，还有莲藕鱼糕玉露茶，凤爪藕带热干面，米酒香菇小龙虾，守住金莲不自夸，赶紧下单买回家，买它买它就买它，热干面和小龙虾！

——这段开场白里引用了《泊秦淮》里的诗句，引入古人的故事，让人们想起如今的湖北人民的困难，还顺便介绍了武汉的美景与美食，成功地奔向直播主题。

图 4.1.4　"为湖北拼单"直播宣传图

（4）问题导入

提问能够引发观众的思考，激发观众观看的兴趣，提高参与感。例如：

▲【护肤品直播】

挖掘痛点：从用户的角度分析，大部分的年轻女性经常看攻略买护肤品，造成钱花了一大堆，皮肤却越来越差，对于年轻女性来说，钱和皮肤就是两个痛点。

开场话术: 女生们, 你是否遇到 "钱花了, 皮肤反倒越来越差" 的问题呢?

——这段开场白通过问题导入, 很自然地衔接了接下来的护肤品直播带货活动。

（5）数据说服

数据是最有说服力的, 抛出数据能立刻令观众信服。需要注意的是: 所引用的数据必须是真实的、权威的, 否则会引发观众反感导致观众离开直播间。

▲【理财直播】

开场话术: 欢迎大家来到我们的直播间! 今天我们要和大家聊的是基金理财。不少人都遇到这样的情况: 两人同时毕业, 同一个单位, 同样的工作, 同样的工资水平, 都干了 8 年, 为什么你的账户里资金是 0 元, 而他却拥有 100 万元? 后者具体是怎么做到的呢? 大家可以关注我们的这次直播, 在这里你将找到答案。

——这段开场白使用了 0 元和 100 万元的数据对比来吸引观众的注意力。

（6）借助道具

主播可以借助道具来辅助开场。开场道具包括企业产品、团队吉祥物、热门卡通人物、旗帜与标语、场景工具等。例如:

▲【借助茶具】

茶艺师在茶叶直播间借助茶具进行茶艺展示（见图 4.1.5）。

▲【借助萌宠】

某知名主播直播开场喜欢与狗狗互动来营造轻松的直播氛围（见图 4.1.6）。

图 4.1.5　借助茶具营造氛围　　　　图 4.1.6　借助萌宠营造氛围

（7）热点开场

互联网时代, 人们接受信息的速度快、数量多, 而热点信息则是广大观众重点关注的话题。尤其是参与直播的观众, 普遍对于网络上的热门事件和热门词语有所了解。因此, 主播开场时借助热点可以拉近自己与观众的心理距离。例如:

▲【汽车直播】

热点话题：三胎政策

开场话术：要说最近最轰动的社会民生事件，肯定是三胎生育政策。那么，怎样的汽车才适合三胎家庭呢？今天我来教教大家如何正确选择车型吧！

活动实施

✎播一播　在你观看过的直播电商开场中，哪一场最能吸引你？你能模仿该直播主持人为大家呈现该直播开场吗？请按步骤完成表 4.1.1。

步骤 1：4 人为一组，每个成员组内分享最吸引自己的直播开场。

步骤 2：每个小组找出组内最有吸引力的直播开场。

步骤 3：组内模仿演练直播开场话术，派一名代表面向全班同学进行直播开场。

表 4.1.1　直播开场分享表

第_____组组名：_____				
组员	组员 1	组员 2	组员 3	组员 4
姓名				
每个组员分享最吸引自己的直播开场				
组内最有代表性的打"√"				
直播开场话术				

✎做一做　假如当地旅游部门邀请你为家乡的特产开展一场直播活动，目的是宣传产品和促进销售。作为直播主持人，你将使用哪种开场形式？如何设计话术？按步骤完成表 4.1.2。

步骤 1：4 人为一组，确定要宣传的家乡特产。

步骤 2：罗列直播开场的 7 种形式。

步骤 3：小组成员间互相讨论，确定选择哪一种形式作为直播开场。

步骤 4：探讨并罗列具体的直播开场话术，选出小组代表分享成果。

表 4.1.2　直播开场策划表

家乡的特产							
直播开场的形式	一	二	三	四	五	六	七
选择打"√"							
具体话术							

※ 活动评价 ※

张宝及其小组成员通过实训活动提高了直播开场的实践能力以及与观众的互动交流能力，小组成员在完成活动任务过程中更加了解对方，增强了小组合作的意识。

<h2 style="text-align:center">活动 2　巧用开场留客技巧</h2>

活动背景

张宝等同学在企业导师的指导下，已经学习并实践了直播电商的开场形式，聚集了不少观众，他们希望继续学习如何留住这些观众，让其不离开直播间。

课前引入

以下案例为某公司实施直播活动的开场环节，请问：

（1）案例中直播带货的产品是什么？

_____

（2）在引出产品之后，用什么内容进行留客？

_____

_____

_____

> 直播间的家人们，今天我们公司集团搞活动，为了回馈这么多年来新老顾客对我们的支持和帮助，原价 100 元一盒的茶叶，今天在直播间我给大家打个 7 折！70 块钱卖，你们要不要？要的来给我打个要！
>
> 我们家的茶叶来自深山种植，拒绝农残，每一位茶师至少有 20 年制茶经验，每道工序不愧于茶芽。
>
> 接下来还有半小时一次的抽奖活动，中奖的家人将会收到两盒茶叶，没有听错，是两盒，两盒一起 70 元，算下来一盒只要 35 元，想要的家人们不要离开。

回 知识窗

1. 直播开场留客话术

（1）点名话术

在直播时欢迎新观众、点名提问者、回答问题的时候都把对方 ID 带上，会让观众有一种交流感。

> ▲【欢迎新观众】
> 欢迎 XX(ID 名)进入我的直播间,你的名字这么有创意,是不是背后有什么故事?
> ▲【点名提问者】
> 提问优惠券的 XX(ID 名), 今晚九点整有大额优惠券秒杀。

（2）诱导型话术

诱导型的直播话术是将有价值的信息直接传达给观众,从而激发观众的兴趣,吸引观众在直播间停留。例如:

> ▲【短视频变现】
> 在我的直播间停留会有三大收获,第一是学会如何拍摄优质短视频,第二是增长短视频平台粉丝,第三是实现短视频内容变现。
> ▲【美妆小技巧】
> 今天来给大家分享几个美妆的小技巧,学会了你也可以是美妆达人,如果你想成为美妆达人,那就请留在直播间!

（3）节奏型话术

节奏型的直播话术会让新进来的观众看到直播间很活跃,从而产生好奇,留下来看看主播到底是表演了什么使得这么多人在刷屏。例如:

> ▲【弹幕节奏】
> 觉得主播跳得好看 / 唱得好听的刷波 666。
> 刷波 520 让我感受一下你们的热情。

（4）痛点型话术

痛点型的直播话术是直接结合产品与痛点来说,引发某一类观众的强烈重视。例如:

> ▲【服装直播】
> 不会搭配的 / 皮肤黑的姐妹 / 偏胖的宝宝们,可以穿下面这套衣服。
> ——主播通过服装的专业搭配,以及服装质量专业讲解的话术来吸引有痛点的观众下单购买。

（5）寻求意见话术

采用此类话术可以提高观众的参与度,让观众不由自主地留下来观看,毕竟"好为人师"是很多人的一种习惯。例如:

▲【观众主导】

家人们帮我看看，我的直播间还有哪些地方可以优化改善，我们的成长离不开你的真实反馈。

2. 直播间留客技巧

（1）黄金 3 秒

直播间"黄金 3 秒法则"，就是在 3 秒的时间内抛出一个吸引人的话题，留住观众。

比如："下面我教大家如何解决直播间闪进闪出的问题，飘过直播间的朋友想听的扣 5 个 8。"这样的话题会吸引存在这些问题的观众们继续看直播，增加了观众在直播间的停留时长。

（2）直播间背景搭建

直播间背景搭建和色彩搭配很重要，建议以简洁、大方、明亮浅色或纯色为主，不要使用太压抑的暗色调。

如果是节假日，可以适当布置一些跟节日气息相关的东西，以此吸引观众目光。例如：开学季、旅游季、七夕专场等节日类型。

（3）直播开场福利诱惑

直播开场 5～7 分钟后，想让观众留下来，就要适当进行福利诱惑，包括抽大奖、抽大红包、限量秒杀、送大礼、折扣，并号召观众互动刷屏，留住观众观看直播。

①抽大奖

不少直播红人在直播过程中有很多抽奖环节。例如淘宝某主播在每场直播开头都会先说这样一句开场白："话不多说，我们先来抽奖。"更重要的是，她的奖品性价比高，单价不低于百元，且产品热门。

我们可在直播开场时公布开奖时间，除了有留住观众的作用之外，定时开奖会吸引观众转发分享，从而让更多观众进直播间观看直播。如图 4.1.7 所示，某公司在中秋节当天直播间开场公布了定时抽奖的消息。

②抽大红包

在直播间下红包雨，发大红包等有利于留住观众。例如江西省赣州市南康区区长于 2020 年 4 月在拼多多直播间开展南康家具带货电商销售专场直播，通过现金红包等创新营销方式，短短半小时的直播吸引了 300 余万人次围观，南康区区长通过在直播间内发送多轮红包促成南康家具产业带 5 000 多万元成交额（见图 4.1.8）。

图 4.1.7 定时抽奖

③秒杀福利

在直播间不定时地上一些秒杀款产品有利于拉动直播间人气和热度。例如某健身产品店铺每个整点都有一款秒杀价产品，有效地吸引观众留在了直播间（见图 4.1.9）。

图 4.1.8 区长在直播间发现金红包   图 4.1.9 某直播间整点秒杀活动

④送大礼

通过直播间下单，即可赠送有价值的礼品。例如某皮鞋公司直播间开展了进直播间购买皮鞋，随机送出皮带一条的活动，吸引观众留在直播间观看并促进观众下订单。

⑤折扣

可使用直播间专享优惠来留住观众。例如某品牌在直播间时说明产品在实体店要 59 元，而直播间下单只需要 39 元。

活动实施

?? 想一想 不同品类的产品直播开场时需要用哪些不同的留客技巧？

为了使观众留在直播间，主播在开场时需要运用一些留客技巧。思考下面不同直播产品开场时适合运用哪些留客技巧，请填入表 4.1.3 中。

表 4.1.3 不同产品的直播开场留客技巧

直播产品	留客技巧 1	留客技巧 2	留客技巧 3
美食			
女装服饰			
运动产品			
家居产品			

播一播 在你观看过的直播电商开场中，哪一场吸引你停留的时间最长？你能模仿该主播向大家呈现该场直播开场的留客技巧吗？请按步骤完成表 4.1.4。

步骤 1: 4 人为一组, 每个成员组内分享吸引自己停留时间最长的直播开场。

步骤 2: 每个小组找出组内运用留客技巧最恰当的直播开场。

步骤 3: 各组组内模仿演练直播开场留客话术, 派一名代表面向全班同学进行直播开场。

表 4.1.4　直播开场分享表

第_____组组名:_____				
组员	组员 1	组员 2	组员 3	组员 4
姓名				
每个组员分享自己停留时间最长的直播开场				
组内最有代表性的打 "√"				
直播开场留客话术				

✎ 做一做　假如当地旅游部门邀请你为家乡的特产开展一场直播活动以宣传该特产并促进销售。作为直播主持人, 你将使用哪种开场留客技巧? 具体如何设计话术? 按步骤完成表 4.1.5。

步骤 1: 4 人为一组, 确定要宣传的家乡特产。

步骤 2: 罗列直播开场的 3 种留客技巧。

步骤 3: 小组成员间互相讨论, 选择合适的留客技巧。

步骤 4: 探讨并罗列具体的留客话术, 选出小组代表分享成果。

表 4.1.5　直播开场策划表

家乡的特产			
直播开场留客技巧	1	2	3
选择打 "√"			
具体话术			

※ 活动评价 ※

张宝及其小组成员通过理论学习基本掌握了直播电商开场的留客技巧, 通过实训活动提高了小组成员巧用开场直播留客技巧的实践能力。同时, 增强了小组成员团队合作与协调的能力。

拓展阅读: 直播开场
实用案例

任务2 ▶▶▶▶▶▶
进行产品介绍

情境设计

为了帮助农产品出山，提高农民收入，十点钟文化传媒工作室正火热开展"农产品直播带货"项目。张宝团队要直播销售潮州农特产——青橄榄，他们要结合青橄榄的品牌和产品特点，选用最恰当的方法进行产品介绍。他们能成功带货吗? 跟他们一起开启学习之旅吧!

任务分解

张宝他们要学习产品介绍的三个重要技巧，即讲好品牌故事、介绍产品卖点和展示使用场景。

活动 1　介绍品牌故事

活动背景

知名的品牌都有自身的品牌故事。在直播中讲好品牌故事，对促进销售转化有不小的帮助。同学们将学习品牌故事的内涵、意义、常见类型，以及在直播过程中讲好品牌故事的方法。

课前引入

请在"学习强国 app"中搜索并观看《百年党史"潮"青年 | 国旗的故事》视频，观看后请按要求完成：

1. 总结归纳故事大意，将故事概况填入 4.2.1。

2. 学史促行，传承红色基因，尝试在镜头前介绍国旗故事。

表 4.2.1　党史故事简表

故事名称	
故事概况	

🔲 知识窗

1. 什么是品牌故事

品牌故事是在品牌传播过程中整合企业形象、产品信息等基本要素，加入时间、地点、人物以及相关信息，并以完整的叙事结构或感性的故事形式进行的品牌推广方式。品牌故事一般围绕品牌创始人及其行为展开，通过生动、有趣、感人的表达方式唤起消费者的共鸣。

2. 品牌故事的作用

在直播过程中介绍品牌故事，可以增强观众对品牌的认知，增强品牌的吸引力。观众对产品背景了解得越多，就越容易产生信任感，促进成交。

3. 品牌故事的类型

品牌故事的类型见表 4.2.2。

表 4.2.2　品牌故事的类型与举例

品牌故事类型	举例
品牌历史	相传少年康熙曾得过一场怪病，全身红疹，奇痒无比，宫中御医束手无策，康熙心情抑郁，微服出宫散心，信步走进一家小药铺，药铺郎中只开了便宜的大黄，嘱咐泡水沐浴，康熙按照嘱咐，如法沐浴，迅速好转，不过三日便痊愈了。为了感谢郎中，康熙写下"同修仁德，济世养生"，并送给他一座大药堂，起名"同仁堂"（见图 4.2.1）。同仁堂品牌得名的故事巧妙地传达了其用药精湛、疗效显著的品牌特点，同时彰显了品牌的历史厚度，在消费者群体中建立了较强的信任感。
创业故事	京东集团创始人在中关村卖数码产品起家的故事、湾仔码头的品牌创始人从摆摊卖水饺到创立行业领先品牌等的创业故事，成为很多创业者的励志模范。
品牌大事	1985年，时任海尔冰箱厂厂长从消费者的信中发现了产品存在质量隐患，为了真正唤醒员工的质量意识、市场意识，他决定砸掉存在质量问题的冰箱。"砸冰箱"事件（见图4.2.2）成为海尔历史上强化质量观念的警钟。

图 4.2.1　北京同仁堂　　　　　图 4.2.2　厂长"砸冰箱"

4. 如何在直播中讲好品牌故事

品牌故事常见的呈现方式是精心撰写的文案，比如：

五芳斋的品牌故事

两千多年前，屈原、伍子胥留下不朽传奇，家国情怀演绎成端午食粽之习俗流传后世。六百多年前，"嘉湖细点"开创江南点心流派并闻名华夏，其中尤以粽子为代表，自清末起便盛行于嘉兴民间。1921 年，浙江兰溪籍商人张锦泉在嘉兴城内张家弄开设了首家粽子店，由三人合伙出资组成五股，故取名"五芳斋"，寓意"五谷芳馨"，由此开启了老字号的百年历程。

20 世纪 40 年代，五芳斋粽子以"糯而不糊，肥而不腻、香糯可口、咸甜适中"的特色被誉为"粽子大王"。经历了半个多世纪的变迁，五芳斋坚守品质之道，铸就了家喻户晓的金字招牌。历经百年沧海沉浮，凝聚几代人的心血努力，五芳斋在一次次蜕变转型中走上了现代企业发展之路。

如今，五芳斋尊崇"和商"理念，秉承传统美食文化之精髓，创新老字号发展之路径，倾力打造以米制品为核心的完整产业链，续写五芳斋新百年的辉煌篇章。

记录历史，让我们体察厚重、看清过往；拥有梦想，让我们步履矫健、走得更远（见图 4.2.3~图 4.2.5）。

图 4.2.3　　　　　　　　　　图 4.2.4　　　　　　　　　　图 4.2.5

讨论：尝试大声朗读上面的品牌故事，并谈一谈读和听的感受。

从上面的案例来看，简单地将书面化的文案念出来，容易让观众丧失兴趣而退出直播间。因此在直播过程中讲品牌故事的时间不宜过长，以 1~2 分钟为宜。为了尽可能地吸引观众，我们要把品牌故事的文案进行适当提炼，一般遵循以下方法（见图 4.2.6）。

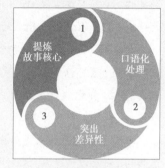

图 4.2.6　品牌故事的文案提炼技巧

（1）提炼故事核心

上述品牌故事的文案里，句子都比较长，如果直接地转述，观众是很难记住的，因此要把故事的核心内容以关键词或短句的方式提炼出来。五芳斋品牌故事要表达的核心内容有两个：一是历史悠久，二是品质上乘。

（2）把文案口语化

在故事原文中 "开启了老字号的百年历程""经历了半个多世纪的变迁"等的表达过于书面化，直播的时候要进行口语化的处理。我们可以这样讲："五芳斋从创立到现在，已经超过 100 年了，是名副其实的百年老字号。五芳斋的粽子材料好、味道好、品质好，绝对是行业公认的。"

（3）突出品牌差异性

五芳斋的品牌差异性主要体现在品牌历史，因此在直播中，主播可以反复强调其品牌历史积累，暗示品牌历史背后的产品品质保证。

根据上述技巧，我们在直播中可以这样介绍五芳斋的品牌故事：

"五芳斋的品牌，相信没有人没听说过吧！五芳斋从创立到现在，已经超过 100 年了，是名副其实的百年老字号。有多少店家做粽子能做 100 年？很少很少吧！五芳斋是老牌子，粽子材料好、味道好、品质好，绝对是行业公认的。我们过端午吃粽子，吃的就是传统，五芳斋 100 多年以来，都坚持用最传统的工艺给大家做粽子，每吃一口，都是传承的味道。"

活动实施

☆练一练☆　提炼青橄榄产品的品牌故事核心，用三个关键词或短句表达。

潮州人的橄榄情结

"潮州湘桥好风流，十八梭船廿四洲。廿四楼台廿四样，二只鉎牛一只溜。"这首古老的潮州民谣讲述的是潮州湘子桥以及湘子桥上两只鉎牛的传奇故事。

对潮州人来说，鉎牛具有特别的意义，它不仅是传承百年的镇水神兽，更象征着吉祥安顺、风调雨顺的美好愿景，是潮州几百年历史的文化代表之一。

岁末将至，农历牛年即将到来。而说起过年，潮州人的贺年果盘中除了糖果和大橘，还有一样必不可少，那就是橄榄。初次品尝橄榄，你可能会觉得味道有点酸涩，但久嚼之后就会感到满口清香、回甘无穷，这也是潮州人特别喜欢橄榄的原因。橄榄具有润喉润肺的功效，入口酸涩、回味甘甜的独特之处，寓意着生活苦尽甘来，象征吉祥如意，因此也成了潮州人贺年果盘上的主角之一。

青橄榄（见图4.2.7）为岭南佳果之一，有生津止渴及防治喉炎之功效，具有很高的营养价值，还可以加工成人们喜爱的各种凉果。广东是生产青橄榄的主要地区之一，因此在这里，青橄榄的食用方式也熔铸了广东独特的饮食文化，尤其值得一提的是潮汕地区。

中国橄榄的种植历史十分悠久，能够追溯到2 000多年前，橄榄的营养价值很高，清肺利咽、生津、解毒，果肉内含蛋白质、碳水化合物、脂肪、维生素C等多种营养成分。

青橄榄具有独特的苦涩味，很多人是不喜欢直接食用的，大多数人们食用的是加工之后的青橄榄，这时候的青橄榄是酸甜的。但潮汕人对于青橄榄也较喜欢鲜食，或许现在很多的年轻人已经不再喜欢这样的食用方式了，但是老一辈的潮汕人仍然还是喜欢传统的方式。因为这不仅是一种饮食的方式，更是一种传统文化的记忆。

图4.2.7　潮州青橄榄

故事核心：＿＿＿＿＿＿＿＿＿＿＿＿＿＿＿＿＿＿＿＿＿＿＿＿＿＿＿＿＿＿＿＿＿＿

＿＿＿＿＿＿＿＿＿＿＿＿＿＿＿＿＿＿＿＿＿＿＿＿＿＿＿＿＿＿＿＿＿＿＿＿＿＿

✐写一写　请根据直播文案提炼的三个要求，改写上述【练一练】青橄榄品牌故事，使之成为不超过1分钟的直播话术。

步骤：4人为一组，每个组员写好后在小组内轮流进行口播，完成组内点评，并提出修改建议，填写表4.2.3品牌故事直播话术训练表。

表 4.2.3   品牌故事直播话术训练表

直播话术：		
	效果评价	修改建议
话术 1		
话术 2		
话术 3		
话术 4		

※ 活动评价 ※

通过本活动的理论学习和直播实践，同学们对品牌故事的内涵以及品牌故事的直播技巧有了比较清晰的认识，顺利开启了直播带货产品介绍的第一步！

活动 2   介绍产品特点

活动背景

介绍产品特点是直播最重要的部分，卖点提炼得好不好，直接决定了主播能否在最短时间内把产品特点向观众解释清楚。接下来，张宝他们将学习产品卖点提炼与介绍的关键技巧。

课前引入

观看一个直播案例，记录主播介绍产品的话术，尝试总结产品的卖点。

卖点：＿＿＿＿＿＿＿＿＿＿＿＿＿＿＿＿＿＿＿＿＿＿＿＿＿＿＿＿＿＿＿＿＿＿＿＿＿

话术：＿＿＿＿＿＿＿＿＿＿＿＿＿＿＿＿＿＿＿＿＿＿＿＿＿＿＿＿＿＿＿＿＿＿＿＿＿

🔲 知识窗

1. 什么是产品卖点

产品卖点，是指产品具有的能吸引消费者购买的特色和特点。这些特点和特色，一方面是产品与生俱来的，另一方面是通过营销策划人的想象力和创造力挖掘出来的。

2. 卖点提炼的技巧

提炼卖点我们可以使用"FAB 法则"（见图 4.2.8）。

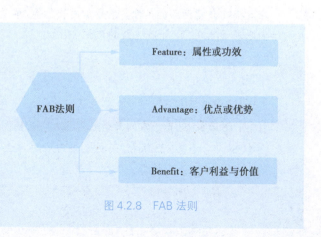

图 4.2.8   FAB 法则

F（Feature）：是指属性或功效，即包括产品的形状、优劣、用途等。

A（Advantage）：是指优点或优势，即自己与竞争对手有何不同。

B（Benefit）：是指客户利益与价值，即产品或服务的某个优点给顾客带来的利益。

产品卖点的提炼要根据产品的具体情况和特点来进行，做到尽可能从多方面去提炼出卖点，以下举例说明，见表4.2.4。

表4.2.4　卖点提炼方向参考案例

序号	卖点提炼方向	产品举例	卖点
1	从市场地位上提炼	某品牌婴儿奶粉	销量领先
2	从价格上提炼	某品牌零食	第二件0元
3	从服务上提炼	某品牌台灯	只换不修
4	从产地上提炼	某产地水果	赣南水果种植基地
5	从时间上提炼	某品牌白酒	30年陈酿
6	从店主魅力上提炼	某品牌洗面奶	某主播力荐
7	从技术创新上提炼	某品牌无线充电器	无须插电

比如，我们通过直播销售"暖宝宝"这个产品，可以这么介绍：

▲【"暖宝宝"产品】

介绍话术：这款暖宝宝简直是寒冷冬天保暖的神器（F：从产品功能角度提炼产品属性），大家不要看它薄薄的一片，发热效果是真的好，一般的暖宝宝只能保温5个小时，但我们这款暖宝宝的保温时间可以达8个小时以上（A：与竞争产品效果对比，突出产品优势），原价55元一盒，今天还有直播间的专属优惠，可以在直播间领取优惠券，下单立减5元，平均下来一片1块钱都不到，超级划算（B：从价格角度提炼客户利益与价值）！

3. 卖点介绍的注意事项

（1）用关键词来表述产品卖点

在直播中介绍产品卖点时要尽量少用长句子，尽量把产品卖点提炼成关键词或简短的语句清晰地表述出来，以加强观众的记忆。例如：

▲【土鸡蛋】

介绍话术：这是正宗的贵州五谷土鸡蛋（见图4.2.9），新鲜、营养、健康、无激素，是补充蛋白质的首选食品，每天吃一个，保证营养所需。

图4.2.9　土鸡蛋产品

（2）将卖点介绍与引导购买结合

直播时不加控制地讲产品卖点，会让观众感到主播在吹嘘产品，产生被强行营销的感受。每讲一个卖点，要适当提示活动价格、商品链接、领优惠券的方式等，既不会使信息量太过集中，也能有效地引导观众下单。

（3）结合卖点来解答评论区提问

主播要有意识地分析观众所提出的问题或者留言，尽可能结合产品卖点来回应观众的信息，这样也避免了主播自夸自卖的尴尬。

活动实施

◎试一试◎　以下是产品青橄榄的详情页文案，请根据 FAB 法则提炼出产品的卖点。

青橄榄小档案

青橄榄也叫青果，适合煲汤、泡酒、腌制泡醋、煮水。甜种橄榄是橄榄界的佼佼者，它们的果肉脆嫩，吃起来清香，不那么苦涩。橄榄的甜不像蔗糖的甜，吃了腻。它的甜是淡淡的，淡开了苦涩留下清甜果汁，百嚼不厌，一吃就吃个没完。

品名：新鲜橄榄果

规格：500 克一袋（50 ~ 60 颗）

产地：潮汕普宁

保质期：15 ~ 20 天

储存方法：阴凉处或冰箱冷藏

产品包装：密封装包装，挖孔透气保存

适宜人群：老少皆宜

注意事项：新鲜水果请尽快食用。新鲜橄榄味道比较特别，第一次生吃请慢慢习惯，更多食用方法请联系客服。

根据 FAB 法则提炼青橄榄的卖点（使用关键词）：

F: _____

A: _____

B: _____

☆练一练☆　请在上述青橄榄产品卖点提炼的基础上，写成 1 分钟左右的直播话术来介绍产品，并以两人小组为单位相互演练，相互给予评价，并提出修改建议，填写表 4.2.5。

表 4.2.5　青橄榄卖点提炼

直播话术：		
	评价	修改建议
话术 1		
话术 2		

※ 活动评价 ※

张宝他们通过本活动的理论学习和实操训练，掌握了产品卖点的提炼方法，对直播中如何介绍产品卖点有了进一步的认识，对进行直播产品介绍更有信心了。

活动 3　创设使用场景

活动背景

主播在做直播的时候，会在镜头前演示或试用产品。这是带货直播的一个重要技巧——创设使用场景。张宝他们接下来开始学习使用场景的含义，以及直播中常见的产品使用场景创设方法。

课前引入

小组讨论：请与小组同伴分享你最近网购的一件商品，说说你在什么情况会用到它，并把讨论结果写下来。

▢ 知识窗

1. 使用场景的含义

使用场景有三个核心要素，即使用对象、用户需求和使用情境。因此，使用场景可以理解为"谁在什么情况下要解决什么问题"。

2. 常见的使用场景创设方法

（1）食品直播的场景创设

在直播食品的时候，主播们一般都会在镜头前品尝食品，除了一边吃一边描述食品的口感、味道之外，还会描述这款食品适合在什么地点、什么时间里吃。例如：

▲【凉茶饮料】

　　场景创设话术：在广东这个地方，一吃辣的就特别容易上火，吃完第二天脸上就冒痘。怕上火的宝宝们，建议吃辣的时候搭配着喝点凉茶，中和一下，帮助降火，就不会上火长痘了（见图 4.2.10）。

图 4.2.10　某品牌凉茶饮料

　　（2）生活用品直播的场景创设

　　为生活用品创设使用场景的时候要注意考虑这种产品能够帮助用户解决什么问题，从而描述相应的场景，让观众有代入感，说服观众这种产品能够解决他们在生活中遇到的某个困扰。例如：

▲【卷发棒】

　　场景创设话术：用卷发棒卷头发时，如果电线老是绕在一起，真的很麻烦。这款卷发棒就很好地解决了这个问题，它有 360° 可旋转电线，不管你怎么卷，它都不会缠绕，整个造型做下来 10 分钟就能搞定。

　　（3）服饰直播的场景创设

　　在介绍服饰类产品的时候，重点是抓住服饰的风格，适合在什么场合下穿，最好找一些首饰、帽子、箱包等进行搭配，为观众展示一个完整的造型，同时进行相应的介绍。例如：

▲【碎花连衣裙】

　　场景创设话术：这条裙子（见图 4.2.11）特别适合旅游的时候穿，波点的花纹永远都不会过时，小仙女们可以搭配这种草编的小挎包，或者休闲一点的手提包都可以，走在路上回头率一定很高哦！

图 4.2.11　某品牌
连衣裙

　　以上只是对直播常见产品类型的举例，只要牢牢把握使用场景创设的三个核心要素——对象、需求和情境，清楚地展示给观众这款产品能帮助他们解决在特定环境下遇到的问题，就能够较好地创设出使用场景，触发观众的购买欲望。

活动实施

?? 想一想 试分析以下产品能解决用户什么问题，填写表4.2.6。

表4.2.6 产品使用场景分析

序号	产品	能解决用户什么问题
1	按压式洗洁精	
2	家用智能监控摄像头	
3	防水型防晒乳液	

☆练一练☆ 自选一款产品，完成1～2分钟的模拟直播视频录制。

要求：视频以"大家好，我是××学校的×××"开头，视频总时间不超过2分钟，可自行剪辑，视频内容为产品卖点介绍。

※ 活动评价 ※

张宝他们通过本活动的理论学习和实操训练，对产品的品牌创设、卖点提炼和使用场景有了深入了解和学习，为下一步正式开展直播活动实训打下了基础。

拓展阅读：直播中产品介绍的注意事项

任务3 》》》》》》
促进下单转化

情境设计

张宝、黄东、林多和袁讯在企业导师的指导下，了解到在直播中除了要进行预热开场和产品介绍外，还需要适当进行促单转化，提高成交转化率。于是，他们商量着要如何营造与观众互动的氛围，然后通过分析顾客的购买动机，促进观众在观看直播中下单。除了向企业导师取经，他们还积极地借助网络来进行下单转化知识的拓展学习。

任务分解

为了促进下单转化，张宝他们决定先营造与观众良好的互动氛围，在互动过程中分析顾客的购买动机，然后引导观众在观看直播时下单。

活动 1　营造互动氛围

活动背景

张宝等同学在企业导师的指导下,利用互联网学习在直播电商实施过程中如何营造互动氛围,然后通过案例分析梳理、巩固知识。

课前引入

以下是某公司在直播活动过程中与观众进行互动的场景,请问其中运用了哪些营造互动氛围的方法?

某公司在直播过程中,通过截屏并掷骰子送礼物与观众互动,直播间很是热闹(见图 4.3.1)。首先,主播宣布好消息:3 分钟后向截屏截到的粉丝送礼品。然后,主播拿出吸睛道具:巨型骰子,采用掷骰子的游戏决定送什么礼物。好玩的道具,有趣的游戏,互动率非常高,这样的直播间很受欢迎。

图 4.3.1　主播用巨型骰子玩游戏

🔲 知识窗

1.营造互动氛围的重要性

在直播间要想促进更多的观众下单,最核心的元素就是做好直播间的互动。直播间的互动率在一定程度上决定着观众的停留时长、回访率、关注率以及转化率。互动效果的好坏对能否获得观众的信任和促进订单有着很关键的作用。

2.营造互动氛围的方法

直播电商营造互动氛围常见的方法有 6 种,如图 4.3.2 所示。

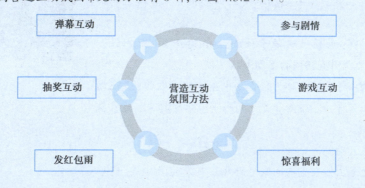

图 4.3.2　营造互动氛围的 6 种方法

(1)弹幕互动

直播弹幕互动主要包括两类:一类是观众之间的互动,如"给刚才这位朋友点赞""同意上一条弹幕"等;另一类是主播与观众之间的互动,如"我身高160 cm,体重53 kg,推荐什么码""主播,今天有抽奖吗"等。面对第一类互动,主播无须处理,而第二类就需要主播积极参与互动,及时回应观众的疑问,解答观众的问题。

例如,面对观众"怎么购买"的疑问,主播马上拿出手机演示购买过程(见图 4.3.3);面对观众"分享了直播间",主播立即表示感谢;面对观众"防晒霜买二送一吗?"等,主播一一回答(见图4.3.4)。

图4.3.3 主播演示购买过程图

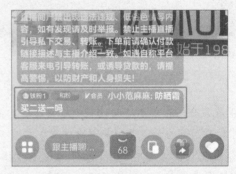
图4.3.4 主播回答观众问题

(2)抽奖互动

抽奖互动包括抽优惠券、抽红包、抽淘金币等。抽到的优惠券限时限量,更能促进观众下单。还可以设定几款产品,抽到奖的观众可以5折购买。

抽奖互动也可用截屏抽奖的方式,在直播间说"各位亲在直播间扣1,我倒数5个数后截屏,被我截到的人会送超值赠品",大家踊跃性会非常高。

(3)发红包雨

某主播在节日活动时发放了千万补贴红包,引来了7 400万粉丝参与观看与互动,促进了5 000多万粉丝下单(见图4.3.5)。

(4)惊喜福利

主播通过在直播间不定期地发放惊喜福利来营造互动氛围。

确定的福利:最后5双鞋子秒杀、500份产品一元秒杀、过年福袋等,能提升直播间的互动率。

图4.3.5 某主播在直播间发千万红包

不确定的小惊喜或小幽默:直播中穿插献唱歌曲,或让助理穿道具服出镜等,这都会让直播间一下子热闹起来,大家就会积极互动。

(5)游戏互动

游戏互动是主播在直播间策划游戏让观众共同参与。例如:

▲【寻宝游戏】

游戏规则:主播在直播间出寻宝题目,答案就在产品详情页中,第一个回答正确的送爆款礼物。

——通过此类游戏来加深观众对产品的熟悉度。

▲【找茬游戏】

游戏规则：主播让观众在详情中找某记号或者某字母，优先找出的赠送一张限时优惠券。

——通过此类游戏增加观众在详情页的停留时间，提升观众的互动积极性并促进下单转化。

（6）剧情互动

剧情互动是由主播邀请观众一起参与策划直播下一步的进展，增强观众的参与感，该方式一般用于户外直播。

▲【剧情直播】

某男士香氛品牌在直播平台上发起了一个参与剧情式的直播。

剧情设计：邀请一个有野外生存经验的人在野外丛林生活三天，行为由观众控制，就像游戏一样，观众通过键盘控制下一步的动作。统计出所有观众的选择，票数最高的动作就成为这个人下一步的动作。

——该方式不但发挥了观众的创意，还满足了被采纳建议观众的尊荣感。

活动实施

?? 想一想 不同种类的产品直播在互动时需要用哪些不同的方法？

为了使观众留在直播间并转化成交，主播需要运用营造互动氛围的方法。思考下面不同产品直播时你会运用哪些互动方法？请填入表 4.3.1。

表 4.3.1 不同产品的互动方法

直播产品	互动方法 1	互动方法 2	互动方法 3
美食（例）	游戏互动：猜猜两位主播一分钟内谁吃得更多？	抽奖互动：抽出十份爆款食品免费送出供中奖者试吃。	惊喜福利：发放 500 份一元秒杀美食
水果类			
运动产品			
手机产品			

做一做 尝试在直播过程中营造互动氛围。

圆点团队服 DIY 公司是朝阳职业技术学校电商专业校企合作的伙伴。目前该地区各中小学班级准备迎接校运会，都需要订制班服。圆点公司邀请该校学生成为主播，进入直播间展示产品，争取各班在该公司下订单制作班服。假设你们小组是该校学生，思考如何在直播过程中营造互动氛围，并促进观众下单。

请按以下步骤完成表 4.3.2。

步骤 1：4 人为一组，确定要突出的产品亮点。

步骤 2：罗列直播中营造互动氛围常见的 6 种方法。

步骤 3：小组成员间互相讨论，确定选择互动的方法。

步骤 4：探讨并罗列具体的互动话术，选出小组代表分享成果。

表 4.3.2　直播互动策划表

产品的亮点						
营造互动的方法	一	二	三	四	五	六
选择打"√"						
具体互动话术						

※ 活动评价 ※

张宝及其小组成员通过理论学习基本掌握了直播电商营造互动氛围常见的六种方法，通过实训活动提高了小组成员与观众互动的实践能力。同时，增强了小组成员的自信心与创造力，提高了小组成员敢于展现自我的能力。

活动 2　分析购买动机

活动背景

张宝等同学在企业导师的指导下，利用互联网学习分析网络消费者的购买动机，并在直播电商实施过程中融入促单技巧，提高下单率。

课前引入

案例分析

以下案例为某主播在实施直播活动过程中促进观众下单的现场，假设你在现场你会不会冲动消费，并分享原因。

> 主播在介绍了产品 Redmi K40 Pro 5G 手机的功能、亮点后，特别强调"这是小米公司给到我直播间的第一批产品。价格都是保密的。我一直在猜，估计要 4 000 元以上，想不到 2 999 元的尝新价，最高配置也就 3 299 元。"然后与小助理一起倒数"5，4，3，2，1！上链接。""幻境色没有了？哎呀，晴雪色的也没有了，墨羽色的还有几台。啊！全抢光了！"小助理在一边惊叫"太恐怖了，一下子就没了"。接着主播跟工作人员商量："还能补仓吗？"

然后工作人员继续补仓。主播紧迫地喊"大家快抢，补仓了补仓了"，小助理又无奈地说"哎呀，又抢光了"。主播又向工作人员申请："再补一些嘛，向你们经理申请一下啦，来我直播间不可能这么少。"

🔲 知识窗

1. 购买动机

（1）购买动机的含义

购买动机是指为了满足一定需要而引起人们购买行为的欲望或意念。在现实生活中，每个消费者的购买行为都是由其购买动机引发的，而动机又是由人的需要而产生的。人饿了就要吃饭，吃饭就要买米，这就是人的需要产生动机、动机引起行为的表现。

人们的购买动机是与人的需要密切相关的，是消费者产生购买行为的原动力。但是，并不是所有的需要都能表现为购买动机。由于受各种条件的限制，人的所有需要不可能同时获得满足，只有那些强烈的、占主导地位的消费需要才能引发消费者购买动机，从而促成购买行为。

消费者购买行为产生的过程如图 4.3.6 所示。

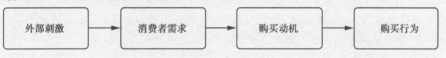

图 4.3.6　消费者购买行为产生的过程

（2）消费者购买动机的特点

消费者购买动机的特点如图 4.3.7 所示。

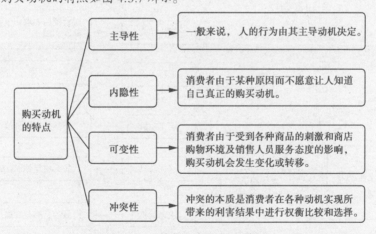

图 4.3.7　消费者购买动机的特点

（3）购买动机的种类

除了生理动机外，消费者的购买行为主要受心理动机影响，心理动机分为感情动机、理智动机和惠顾动机三大类。

①感情动机

感情动机是指由于人的喜、怒、哀、乐等情绪和道德、情操、群体、观念等情感所引起的购买动机。

②理智动机

理智动机是指消费者对某种商品有了清醒的了解和认知，在对这个商品比较熟悉的基础上所进行的理性抉择和做出的购买行为。

③惠顾动机

惠顾动机（信任动机）是指消费者基于感情和理智的经验，逐步建立起对特定商品或厂商或者商店产生的特殊的信任和爱好，使消费者重复地、习惯地前往购买的一种行为动机，它具有明确的经常性、习惯性特点。

其中，各类动机的细分如图4.3.8所示。

2.促进下单转化的技巧

分析了网络消费者的购买动机后，我们可以根据其购买动机，使用以下三大技巧促进消费者下单转化。

（1）消除顾虑，提升信任感

某主播在推荐产品时，经常会讲一些家人、工作人员使用过该产品的经历，还会在直播间展示自己的淘宝购买订单，证明某款产品是"自用款"，且为重复购买的产品。这些看似不经意的动作，其实都是建立信任的方法——以此打消观众对产品的顾虑。

因此，一定要在你的直播间现场试用产品，分享使用体验与效果，验证产品的功效。这样才有足够的说服力，证明你在用，你觉得很好，才能让你的粉丝信服你，买你的产品。同时，还要描述产品的使用和购买需求情境，双管齐下，激发观众的购买欲望。

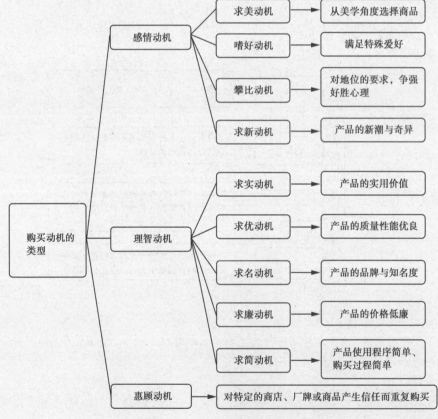

图4.3.8 消费者购买动机的类型

（2）价格锚点

我们在购物时经常会发现这些现象：

①某商品建议零售价为 29 元，实际却仅售 19 元。

②商家经常划掉原标价，然后再写一个优惠价（见图 4.3.9）。

③实体小商铺喜欢开一个高价等我们还价。

图 4.3.9　划掉原价再写优惠价　　　　图 4.3.10　限时秒杀

这里的"29 块""原价"就是商家设置的"价格锚点"。消费者其实并不真的是为商品的成本付费，他是为商品的价值感而付费。

直播促单案例：天猫旗舰店这款沐浴露的价格是 79.9 元 1 瓶，而我们直播间仅需 59.9 元。今晚下单的，再送 1 瓶雪花喷雾，超值福利，买到就是赚到。

（3）限时限量限"地"

一是限时促单。倒数 10 个数，抢购开始，很快就下架。制造一种紧迫感（见图 4.3.10）。如"还有最后三分钟，没有买到的家人赶紧下单，时间到了我们就下架！"

二是限量促销。制造稀缺感，如"今天的优惠数量有限，只有 100 件，这款衣服这个颜色就只有最后 100 件了，卖完就没有了"。

三是限"地"促单。如"今天只限在我的直播间有这个价格，站外都没有这个价格"。

活动实施

◆连一连◆　以下促单技巧是为了对应哪一类购买动机的消费者而运用的？在图 4.3.11 中进行连线。

这是刚上市的手机，已经卖完了，还可以加库存吗？	求名动机
直播间专享价比实体店价格便宜一半，喜欢的家人们赶紧下单购买吧！	求新动机
世界知名品牌箱包，数量有限，如果你看中了记得及时下单哦！	求简动机
超级简单，一二三，早餐马上出炉。这样的破壁机就是为你省时省事而生。	求廉动机

图 4.3.11　促单技巧对应购买动机类型连线图

✎ 做一做 · 尝试在直播过程中激发消费者的购买动机。

圆点团队服DIY公司是朝阳职业技术学校电商专业校企合作的伙伴。目前该地区各中小学班级准备迎接校运会，都需要订制班服。圆点公司邀请该校学生成为主播，进入直播间展示产品，争取各班在该公司下订单制作班服。假设你们小组是该校学生，请你们分析调查消费者所属的购买动机类型，根据调查结果使用促单技巧促进消费者下单。

请按以下步骤完成表4.3.3和表4.3.4。

步骤1：4人为一组，调查消费者所属的购买动机类型。

步骤2：罗列消费者主要的购买动机。

步骤3：小组成员间互相讨论，确定选择促单的方法。

步骤4：探讨并罗列具体的互动话术，选出小组代表分享成果。

表4.3.3　客户购买动机类型调查问卷表

（1）调查目的 （2）调查题目

表4.3.4　分析购买动机策划促单话术表

调查题目	
调查目的	
小组成员	
消费者主要的购买动机	
对应的促单技巧	
具体的促单话术	

※ 活动评价 ※

张宝及其小组成员通过分析消费者的购买动机，能够使用技巧促进消费者下单，通过实训活动提高了小组成员对消费者行为分析的能力以及增强了其团队合作的意识，培养了小组成员与时俱进的创新精神。

拓展阅读："四维演绎法"让直播间转化率翻倍

任务4 》》》》》》
做好直播收尾

情境设计

　　直播不仅开场要吸引观众,结尾也要让观众有回味之感,才能最大化地促进销售。接下来,张宝、黄东、林多和袁讯要结合本场直播的总体情况,包括销售转化、粉丝互动等,构思本场直播的结尾,选取合适的收尾技巧,让营销效果最大化。

任务分解

　　要顺利完成直播收尾工作,首先要了解直播收尾的常见思路,才能选取合适的技巧进行直播收尾,当然还要通过实践演练,检验技能掌握的程度。

活动1　确定收尾内容

活动背景

　　同学们在企业导师的指导下,通过分析真实的直播案例,挖掘直播营销中常见的直播收尾思路,并通过小组研讨,制订直播收尾的具体目标。

课前引入

　　在淘宝直播平台观看一场带货直播,记录直播收尾部分的话术,分析主播这样收尾的目的,将分析结果填写在表 4.4.1 中。

表 4.4.1　直播收尾分析

收尾话术	
目的	

🔲 知识窗

　　1. 引导流量,把直播间流量利用最大化

　　做直播电商,流量是一个最核心的问题,不一样的流量带来的营销效果明显不同。但无论直播现场的流量有多少,当直播结束,观众散去,一切流量归零。因此,要把直播间的流量最大化地利用起来,在直播收尾时把流量朝对营销有利的方向引导。

　　不同的直播间根据其营销策略,流量引导的方向会有所不同。具体可分为三个主要方向(见图 4.4.1)。

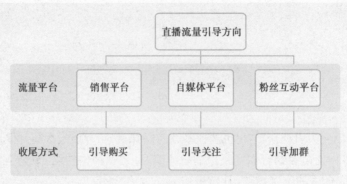

图 4.4.1　直播流量引导方向和内容

（1）引导购买

将流量引向销售平台，就是在收尾时引导观众进入网上店铺，或进入官方网址，从而促进购买转化。引导观众购买的时候不要生硬地做广告，要从消费者的利益角度出发，引导观众进入销售平台进行购买。

（2）引导关注

引导观众关注自媒体账号的目的是持续地向观众传达相关宣传信息，提高品牌、企业和产品的曝光度和影响力。要注意直播中不能出现平台外其他的自媒体账号，但可以引导观众联系客服获取账号信息。

（3）引导加群

将流量引向粉丝互动平台，就是在直播收尾时引导观众加入粉丝福利群等线上社群。一方面是便于日常促销信息的传达，另一方面促进了店铺与观众的互动，逐渐将直播观众转化为店铺忠实粉丝，利于后续销售。

2. 提前预告，为下次直播酝酿气氛

直播收尾除了进行流量引导外，还要提前预告下次直播。预告的具体内容包括下次直播的时间、直播商品种类、直播间促销活动等。

提前预告的作用不容小觑：第一，用促销力度吸引观众，提高回访率，为直播间聚集流量；第二，帮观众提前了解下次直播将上架的商品，有助于对直播内容进行精准的用户匹配，获得更精准的用户流量。

活动实施

🔍 搜一搜　分析直播收尾的方式。

浏览各大电商平台的购物直播，搜集三个使用不同流量引导方向的直播收尾案例，分析直播收尾的内容，把收尾话术摘抄下来，填写表 4.4.2。

表 4.4.2　直播收尾案例分析表

案例	直播平台	店铺 / 产品类型	流量引导方向	收尾话术
案例 1				
案例 2				
案例 3				

☆练一练☆　设计直播预告。

　　淘宝某服装店铺进行为期 3 天的开业促销直播，开业期间每天上新，并为直播间观众提供了"满 200 减 50"的专属优惠。现在是下午 4 点，第一场直播马上要结束了，请你根据下次直播计划设计一个收尾，为观众预告明天的直播，把收尾话术写下来。

　　明天直播计划：上午 10 点开播，除了"满 200 减 50"的促销优惠外，还会进行整点抽奖，奖品有店铺新品、时尚包包等，引导观众转发、关注直播间。

_____

_____

※ 活动评价 ※

　　张宝他们通过本活动的理论学习和实操训练，了解了直播电商收尾的常见方式，也对直播收尾的思路和目的有了较深刻的理解，为下一步正式开展直播收尾实训打下了基础。

活动 2　巧用收尾技巧

活动背景

　　有了直播收尾的思路和方向，接下来就要选取合适的技巧实施直播收尾。同学们根据直播收尾案例，仔细分析主播在收尾阶段所用的技巧，为下一步正式开麦直播打好基础。

课前引入

　　（1）课前准备：每位同学收集一个带货直播收尾案例，保存并分享到网络学习平台供同班同学观看学习。

　　（2）讨论：在你所收集或观看的案例中，给你印象最深刻的主播是怎么收尾的？

回 知识窗

不同店铺、品牌销售的商品不一样，主播们常用的直播收尾技巧却是类似的，以下结合直播话术的例子介绍几种常见技巧。

1.引导购买的技巧

通常，能在直播收尾阶段还停留在直播间的观众，对这场直播或直播中所带的货都比较感兴趣。因此，主播要在收尾阶段尽可能地引导观众购买，实现直播的销售转化。在直播收尾环节，引导购买的常用技巧有以下4种：

（1）直播间专属优惠

观众都希望自己受到商家的尊重或特殊照顾，尊享直播间提供给观众专享的优惠，不仅会让观众有优越感，还可以增加观众对直播间的黏性，加强观众对直播间的忠诚度。

例子："今天在直播间下单付款的亲们，买满200元，付款时系统自动减30元，这是我们为了回馈直播间粉丝，专门给到直播间的专属优惠，点击你喜欢的链接购买，只要满200元，系统自动减30元。这是直播间粉丝的专属优惠，大家赶紧买起来吧！"

（2）下单福利"暗语"

直播中的"暗语"是指主播在直播间指引观众通过某个渠道（如直播间界面、客服界面等）输入能让商家识别观众身份的特定一个词或一句话。商家通过"暗语"识别直播间观众身份之后，会给予优惠券等促销福利。

例子："今天的直播给到粉丝们超级大的优惠力度，大家联系客服，告诉客服一个优惠暗语：粉丝福利，客服会额外给到大家一张20元的优惠券，这是我们直播间粉丝的福利！今天的直播就到这里啦，大家赶紧找客服领优惠券下单吧！拜拜！"

（3）直播间随单抽奖

抽奖对观众来说是无成本的行为，在这样的心理驱使下，能激活观众的行为，在直播收尾阶段发起随单抽奖，能快速促单转化。

例子："为了感谢家人们的陪伴与支持，我们在直播的最后再来一波抽奖，弹幕截屏，前五位的家人，主播送你们每人一个新款保温杯，下单购买店铺任何一款产品，随单赠送抽奖的礼品！"

（4）提示优惠截止时间

在直播结束前反复提示促销或优惠截止的时间，能吸引有购买欲的观众快速下单。

例子："还有没付款的吗？直播结束后所有直播间福利就享受不了了哦！今天的优惠仅限直播期间，有需要的家人们赶紧下单吧！"

2.引导关注的技巧

做好直播收尾环节的另一个常用思路是引导观众关注，关注对象可以是店铺、直播间，或者品牌的官方微博账号等。但要注意，根据淘宝直播平台规则，在淘宝平台进行的直播，主播不能说出或展示QQ号、手机号码、社交平台账号、外部平台或App，否则会涉及违规，可能会被封号和停播。

那么在直播收尾阶段，如何吸引观众关注店铺或直播间呢？常见的技巧有以下两种：

（1）用抽奖吸引关注

例子："直播快要结束了，还没有关注直播间的家人们赶紧点一下关注，我们最后一轮抽奖现在开始啦！请敲服饰节满减，截一屏幕，送大家一件爆款 T 恤。赶紧先把关注点起来，不关注的话就算抽中了也没法领奖的哦！"

（2）用优惠券吸引关注

例子："今天的直播马上要结束了，欢迎大家关注我们的店铺，关注之后就会及时收到我们的新品和优惠信息。关注店铺之后联系客服，可以领取一张 10 元的无门槛优惠券，关注之后才有哦！再次谢谢大家的支持，拜拜！"

3. 引导加群的技巧

这里的群主要指的是平台内部粉丝福利群。对于直播观众来说，加入粉丝群需要动机，可从观众的利益出发建议观众加入粉丝群获得更多的优惠和福利。引导加群的常用技巧有以下两种：

（1）优惠福利吸引

例子："本场直播到这里就结束了，如果大家想领更多福利的话，欢迎大家加入我们的粉丝福利群，我们每周二都会在群里发无门槛优惠券哦！"

（2）特色活动吸引

例子："如果大家想参与我们的免费新品体验的话，欢迎加入我们的粉丝群。想参加免费体验活动的家人们，在群里报名哦！我们下次见！"

4. 直播预告的技巧

一场完整的直播在收尾阶段一般都会预告下一次直播的相关内容，提前为后续的直播预热，积累潜在观众。预告的具体内容分为以下几类：

（1）预告直播时间

例子："今天直播就到这里，明晚 8 点钟准时开播，依旧会有很多好东西推荐给大家，大家记得来哦！"

（2）预告主推商品

例子："直播结束之前跟大家提前预告下明天的内容哦！明天我们会有超防水防晒霜、清爽型沐浴露，还有长效驱蚊水，都是特别适合大家在夏天用的东西，大家记得来直播间哦！明天见！"

（3）预告促销活动

例子："明天依然是美妆节活动，全场满 300 减 50，直播间每个链接前 100 名下单都会有额外的 20 元优惠，大家记得来哦！明天 10 点不见不散！"

（4）预告直播礼品

例子："明天是我们店铺的周年庆大日子，直播间会有三重大抽奖，会送出 1 个三亚 5 天 4 夜自助游名额，2 台最新款的品牌手机，还有 10 个 100 元的现金红包，大家千万不要错过！明天再见！"

活动实施

记一记 记录、整理直播收尾话术。

步骤：在淘宝直播平台选取 3 场不同类型店铺的直播，观看其收尾阶段（约结束前 3 分钟），记录下主播的主要话术，并判断主播使用的是哪一种直播收尾技巧，填入表 4.4.3 中。

表 4.4.3　直播收尾技巧分析表

序号	店铺类型	收尾话术	收尾技巧
1			
2			
3			

◆连一连◆　把以下直播收尾话术与相应的收尾形式连起来。

（1）今天的直播很快就要结束了，还没关注的家人们请点击关注我们的直播间，所有关注的家人们都会获得一张额外的20元满减优惠券，数量有限，先到先得哦！再次感谢大家的支持，拜拜！

直播预告

（2）我们的直播马上要结束啦，如果大家喜欢喝酸奶，也喜欢跟我们的团队一起玩，可以加入我们的粉丝福利群，明晚8点我们会准时在群里发现金红包哦，欢迎大家邀请亲戚好友一起进群享福利哦！我们明天，不见不散，期待你们的到来！

引导加群

（3）今天的直播就到这里了，直播结束后，大家联系客服，告诉客服一句暗语：明晚8点生活节直播，客服就会送上一张满100减15的优惠券，这是直播间粉丝的专属福利哦，大家记得去领啊！拜拜！

引导购买

（4）跟大家提前预告下明晚直播的内容，明晚我们会请到五星级酒店的一级大厨教大家如何在家里做龙虾，新手们都能学会哦，大家不要错过啦，明晚7点见，拜拜！

引导关注

※ 活动评价 ※

　　张宝跟几个小伙伴认真学习本活动的直播收尾案例和对应技巧之后，对直播收尾的具体方法有了比较清晰的了解，初步能够根据店铺和直播间的不同营销需求选择合适的技巧完成直播收尾。下一步，他们将利用所学技巧，正式开始直播活动的实施。

合作实训

　　实训名称：扶贫助农直播项目——农产品带货直播实训

　　实训背景：十点钟文化传媒工作室正在开展"扶贫助农直播"项目，希望能通过直播平台把扶贫县的优质农产品推广出去，帮助农户脱贫致富。四个小伙伴加入了农产品直播项目组，要把他们学习到的直播技巧运用到助农公益活动中去。

　　实训目的：结合营销主题和农产品特点，利用淘宝直播平台开展一场 1 小时的直播，体验带货直播的实施过程，检测直播相关理论知识的掌握情况。

　　实训过程：

　　步骤 1：组建直播团队，根据直播工作流程进行团队分工(部分工作可兼任)，填写表 4.4.4。

表 4.4.4　直播工作任务分工表

序号	工作内容	团队职位	成员姓名
1	完成直播前的宣传推广	宣传推广员	
2	物料采购与准备直播	直播物料员	
3	负责管控摄像头、灯光等设备	设备主管	
4	负责产品直播工作	主播	
5	协助主播开展直播工作	助播	
6	管控直播间中控台	场控员	

　　步骤 2：小组开会讨论，根据已完成的直播脚本搭建直播间，见表 4.4.5。

表 4.4.5　直播脚本

整场直播脚本				
直播主题				
直播时间		直播地点		
商品数量		道具准备		
主播介绍				
场控人员		运营人员		
时间段	直播流程	主播	场控	主推产品
预告文案				
注意事项	①丰富直播间互动玩法，提高店铺粉丝由新转老，增加观看时长。 ②直播讲解占比：60% 介绍产品 +40% 粉丝互动，从内容入手来进行直播间的规模化包装，把控讲解节奏。 ③尽快熟悉产品信息。			

直播流程细化							
直播预热							
话题引入							
	序号	产品名称	产品图片	产品卖点	利益点	直播优惠	备注	粉丝互动
产品讲解							
结束预告							

步骤 3：明确直播前的准备工作，项目负责人根据成员分工明确各项工作具体要求和时间节点，填写表 4.4.6，根据需要补充表内工作内容。

表 4.4.6　直播准备工作安排表

序号	工作内容	具体任务	完成时间	成员姓名
1	直播前期宣传			
2	直播平台设置			
3	设备与物料准备			
4	直播脚本			
5				
6				

步骤 4：开展直播前的宣传工作，记录宣传效果的相关数据，填写表 4.4.7。

表 4.4.7　直播前期宣传情况表

宣传渠道	宣传时间	宣传方案	累计新增流量

步骤 5：布置直播间，摆放相关物料。

步骤 6：利用淘宝直播平台开展产品直播，结束后记录相关数据，填写表 4.4.8。

表 4.4.8　直播间数据

观看量	
平均观看时长	
新增关注数	
点赞数	
商品点击数	
商品成交额	

步骤 7：直播结束后，清洁直播间环境，归类整理直播设备和道具。

实训小结：通过这次直播实训，小组成员体验到真实的直播过程，能够把所学到的直播技巧运用到实践中，为后续的直播实践积累了经验，同时实例结束后的整理复原过程培养了学生分类整理、保持工作场所整洁的职业习惯。

项目总结

本项目是实施直播电商最具实操性的一步，在学习直播电商其他项目中起着承上启下的作用。通过本项目的学习，同学们掌握了直播预热开场的技巧和直播过程中介绍产品的方法，熟悉了直播实施中促进客户下单的方法，了解了直播的收尾技巧。同时，通过实施直播实践提高了直播控场能力、直播表达与互动能力、挖掘产品卖点和进行细节表现的能力，为以后的学习与工作打下了扎实的基础。通过扶贫助农直播活动，让学生近距离接触了国家扶贫助农政策，增强了学生社会责任感，并在实训过程中规范职业行为，树立诚信意识，弘扬正能量。

项目检测

1. **判断题**（正确的打"√"，错误的打"×"）

（1）在直播过程中介绍品牌故事可以增强品牌对消费者的吸引力。　　　　　　（　　）

（2）卖点提炼法则 FAB 里面的"F"指的是产品优势。　　　　　　　　　　　（　　）

（3）可以通过引导观众购买产品来将直播流量引向自媒体平台。　　　　　　　（　　）

（4）游戏互动是主播在直播间策划游戏让观众共同参与。　　　　　　　　　　（　　）

（5）不加控制地讲产品卖点会让观众感到主播在吹嘘产品，产生被强行营销之感。

　　　　　　　　　　　　　　　　　　　　　　　　　　　　　　　　　　（　　）

（6）在直播间引导观众加入粉丝群可以使用小黑板直接展示微信账号。（　　）

（7）直播弹幕互动主要包括两类：一是观众之间的互动；二是主播与观众之间的互动。
（　　）

（8）理智动机是指消费者对某种商品有了清醒的了解和认知，在对这个商品比较熟悉的基础上所进行的理性抉择和做出的购买行为。（　　）

2. 单项选择题（每题只有一个正确答案，请将正确的答案填在括号中）

（1）在某直播开场中，主播使用"直播间为你准备 60 万现金红包雨，千万不要错过哦"这样的开场话术，请问主播使用了哪种开场形式？（　　）

　　A. 引用故事　　　　B. 福利诱惑　　　　C. 数据说服　　　　D. 热点开场

（2）在直播中介绍品牌故事时，直播文案的提炼方法不包括哪个？（　　）

　　A. 提炼故事核心　B. 把文案口语化　C. 突出品牌差异性　D. 尽量生动有趣

（3）在某场直播中，主播在介绍脐橙时说道，"我们家的脐橙来自江西省赣州市，口感非常好、水分很充足。"请问主播使用了哪种卖点提炼方法？（　　）

　　A. 价格　　　　　　B. 服务　　　　　　C. 产地　　　　　　D. 技术

（4）在某场直播中，面对观众"怎么购买"的疑问，主播马上拿出手机演示购买过程；面对观众"分享了直播间"，主播立即表示感谢。请问主播使用了哪种营造互动氛围的方法？
（　　）

　　A. 弹幕互动　　　　B. 游戏互动　　　　C. 抽奖互动　　　　D. 参与剧情

（5）在某场直播中，主播说道："今天的优惠数量有限，只有 100 件，这款衣服这个颜色就只有最后 2 件了，卖完就没有了"。请问主播使用了哪种促进消费者下单转化的技巧？（　　）

　　A. 消除顾虑　　　　B. 价格锚点　　　　C. 限时限量限"地"　D. 以上都不对

（6）主播在直播间指引观众通过某个渠道（如直播间界面、客服界面等）输入的能让商家识别出其直播间观众身份的特定一个词或一句话叫作什么？（　　）

　　A. 密码　　　　　　B. 暗语　　　　　　C. 钥匙　　　　　　D. 以上都不对

（7）以下哪项是对"使用场景"的正确理解？（　　）

　　A. 谁在使用商品时第一时间考虑的问题

　　B. 谁要帮谁解决什么问题

　　C. 谁在什么情况下要解决什么问题

　　D. 用户在使用商品时的步骤与方法

（8）（　　）是指消费者基于感情和理智的经验，逐步建立起对特定商品或厂商或者商店产生的特殊的信任和爱好，使消费者重复地、习惯地前往购买的一种行为动机。

　　A. 感情动机　　　　B. 理智动机　　　　C. 惠顾动机　　　　D. 冲动动机

3. 多项选择题（每题有两个或两个以上的正确答案，请将正确的答案填在括号中）

（1）直播电商开场设计的要素包括哪些？（　　）

　　A. 激发观众的兴趣　B. 促进观众推荐　C. 带入直播场景　　D. 渗透营销目的

（2）在直播中介绍品牌故事时，直播文案的提炼方法有哪些？（　　）

　　A. 提炼故事核心　B. 把文案口语化　C. 突出品牌差异性　D. 尽量生动有趣

（3）使用场景的三个核心要素分别是（　　）？

    A.使用时间　　　　　B.使用对象　　　　　C.用户需求　　　　　D.使用情景

（4）消费者的购买动机主要分为哪几类？（　　）

    A.感情动机　　　　　B.理智动机　　　　　C.惠顾动机　　　　　D.冲动动机

（5）不同的直播间根据其营销策略，流量引导的方向会有所不同。主要可分为哪几个方向？（　　）

    A.销售平台　　　　　B.自媒体平台　　　　　C.网络平台　　　　　D.粉丝互动平台

（6）提炼卖点的"FAB法则"中，F、A、B分别指代什么？（　　）

    A.商品属性　　　　　B.商品优势　　　　　C.客户利益与价值　　　　　D.价格

（7）直播开场留客话术包括哪些？（　　）

    A.点名话术　　　　　B.诱导型话术　　　　　C.节奏型话术　　　　　D.痛点型话术

（8）直播的开场形式包括哪些？（　　）

    A.主题介绍　　　　　B.福利诱惑　　　　　C.引用故事　　　　　D.问题导入

4.简述题

（1）简述在直播中介绍品牌故事的技巧。

（2）根据下图的产品信息，写一段不超过3分钟的直播话术，介绍产品的卖点不少于3个。

（3）试简述在直播电商实施中促进客户下单转化的技巧有哪些。

（4）试简述直播电商的收尾形式有哪些？

项目 5
转化篇：扩大直播电商影响

▢ 项目综述

在互联网营销中，随着各种信息工具和软件平台的兴起，任何营销方式和工具模式，都需要借助推广和维护客户关系，直播电商也是如此。现今主播和直播间更新迭代，产品和主播再好，如果没有进行恰当的推广，相应的营销效果就会大打折扣，如果没有维护粉丝群体，终会"优胜劣汰"难以长久生存。因此，借助各平台推广和经营直播粉丝就成了直播电商不可或缺的内容。

张宝、黄东、林多和袁讯加入了校企合作单位十点钟文化传媒工作室的农产品扶贫助农直播项目后，参与了几次农产品扶贫助农的直播，但是他们经过几次直播后发现粉丝们的反响慢慢降低，回购率也不高。张宝他们意识到问题后，希望通过学习二次推广的知识，扩大直播影响。

▢ 项目目标

通过本项目的学习，应达到的具体目标如下：

知识目标
◇掌握借助不同平台进行直播推广的技巧
◇了解粉丝互动群的创建和管理方法
◇了解粉丝专属福利的种类

能力目标
◇熟练微博和微信公众号内容的编辑
◇熟练短视频编辑工具的使用
◇熟练淘宝粉丝群的操作

素质目标
◇培养学生与时俱进的创新精神
◇提高学生精诚合作的团体意识
◇提升学生的线上社交礼仪素养
◇培养学生心系中华的爱国情怀

□ 项目思维导图

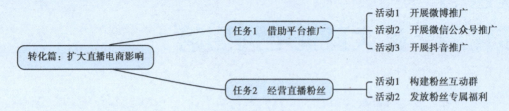

任务1 »»»»»»»
借助平台推广

情境设计

借助平台进行推广是能够有效实现二次传播的方式，企业导师给张宝、黄东、林多和袁讯分配了新的工作任务——学习借助平台推广的知识，并运用到对直播进行二次推广的工作中，从而放大直播的效果。张宝、黄东等几位同学经过向学校指导老师请教和查阅资料发现微博、微信公众号和抖音短视频平台是目前流量较高、群体较稳定的平台。

任务分解

为了完成企业导师分配的新任务，张宝他们着重学习开展微博推广、微信公众号推广和抖音推广的内容，了解微博文案、软文和短视频的编辑技巧。

活动1 开展微博推广

活动背景

同学们在学校指导老师的带领下首先开始学习开展微博推广的方法：微博内容的形式、微博内容的发布技巧和微博文案的设计，然后通过课后活动巩固知识。

课前引入

在微博中搜索一个你熟悉的主播的微博账号，观察该账号的定位，记录一篇你印象深刻的内容。

主播：_____

微博账号的定位：_____

微博内容：_____

1. 微博内容的形式

简单的文字已经不足以吸引粉丝的兴趣，粉丝趋向追求多元化的内容，微博内容的形式也越来越丰富。直播电商在进行微博推广时常见的内容形式有以下几种：文字＋图片、文字＋短视频、文字＋直播回放（见图 5.1.1）。

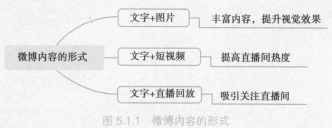

图 5.1.1　微博内容的形式

（1）文字＋图片

"文字＋图片"是目前微博内容最常见的形式，通过简短的文字加上吸引目光的长图、动态图片或九宫格图片，丰富内容，提升视觉效果。

（2）文字＋短视频

在微博内容中插入短视频，通过观察短视频的播放量来了解粉丝的偏好，根据粉丝偏好有针对性地剪辑直播间的精彩片段发布到微博中，提高直播间热度。

（3）文字＋直播回放

将直播画面录制下来制作成直播回放视频，并将视频链接发布到微博平台，错过直播的粉丝可以通过点击进入发布的直播回放视频链接观看和了解本场直播的内容，吸引粉丝关注直播间。

2. 微博内容的发布技巧

为了提升推广效果，在进行推广时要注意运用微博内容的发布技巧（见图 5.1.2）。

图 5.1.2　微博内容的发布技巧

（1）合适的发送时机

发布微博要选择合适的时间，在热门时间段发布的微博的浏览量较高，进而产生的转发、评论和点赞的互动量也会随之增加。微博的最佳发布时间要根据微博后台的指标数据来确定，根据数据变化进行调整。

微博"数据助手"提供微博数据概览、粉丝分析、博文分析、互动分析、相关账号分析等内容（见图 5.1.3），可以全面了解粉丝的变化趋势、活跃分布、粉丝画像等，粉丝活跃的高峰值的时间最佳，结合直播间当天直播后的情况，每天有规律地发布内容。

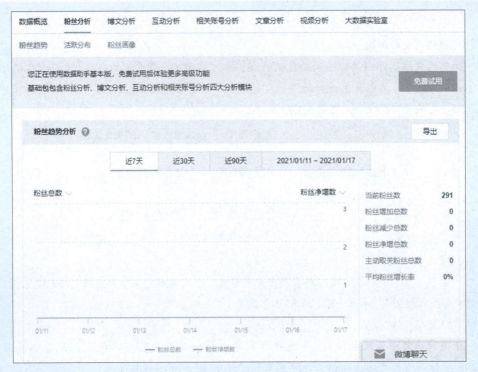

图 5.1.3　微博数据概览

（2）编辑精简的文案

从粉丝的快速阅读规律显示，粉丝容易对过多文字产生阅读疲劳。将文字内容控制在100～120字，其他更丰富的内容可以通过图片或短视频的形式进行展示，简短精练的文字内容便于让粉丝快速找到重点，并且文字内容能够完整地展示在粉丝转发的内容中。

（3）发布原创的内容

一个优秀的博主应该高度重视原创知识产权，未经作者同意不随意复制并发布他人的文章。直播团队要创造话题被粉丝记住，而不是转发热门话题。以直播间作为素材，挖掘原创内容，扩大直播热度。

3. 微博文案的设计

直播结束后，在微博中进行推广的文案可以从与直播间相关的知识分享、信息收集、热点借势、直播回顾与答疑等角度进行设计（见图 5.1.4）。

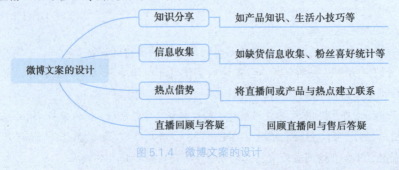

图 5.1.4　微博文案的设计

（1）知识分享

通过科普和传播与直播间商品相关的新知识或生活小技巧等内容，使粉丝对产品产生新的概念和需求，并对主播形象产生好感，如某主播经常在微博中分享美妆小技巧（见图 5.1.5）和产品试用情况（见图 5.1.6）。

文字部分带上高热度的话题，如"# 美妆小技巧 #"和热点关键词，吸引粉丝点击浏览包含更多详细内容的图片或短视频。

推荐双眼皮妹子的眼妆的几个窍门😊：

#美妆小技巧#

1.睫毛夹把睫毛尽量从根部夹。

2.用多色眼影搭配，不要选太深的颜色，眼窝用透明感和高光的米色和棕色，如果从睫毛根部画的的话，就不用画眼线了。

3.眼睛下面用米色和高光色搭配。

4.眼皮的地方涂薄一点，像淡淡的薄纱一样。

图 5.1.5　分享美妆小技巧

沐浴露，品牌寄了样品

试用之后觉得还不错的！除了味道开始有点浓郁

但是这样的好处就是留香时间长

质地是像乳白色炼奶一样有点偏稠稍微加点水就很好起泡了泡泡都是香香的!用水一冲就洗掉了!

洗完皮肤也不假滑~8.15号晚8点上新哦

还赠送泵头哦

图 5.1.6　产品试用

（2）信息收集

利用微博收集相关信息，不仅能够有效了解粉丝的信息和需求，制造与粉丝互动的话题，维持粉丝热度，还能借此营造良好的售后服务形象，如在直播后针对在直播过程中热度高的产品进行缺货信息收集（见图 5.1.7）和粉丝喜好统计（见图 5.1.8）。

直播官方微博 V

4月12日 14:37　0412本周的缺货登记来咯～🐻

零食节要来咯～大家有什么错过的或者感觉囤少了的产品都可以告诉我们哦🍬#

✿大家根据品类（划重点）回复进行登记

✿评论里如果有你喜欢的产品记得点赞哦

图 5.1.7　缺货信息收集

图 5.1.8　粉丝喜好统计

（3）热点借势

微博是一个快速传播的平台，网络中很多热门话题都是在微博上曝光的，关注热点，利用有价值和影响力的人物或事件，及时借势吸粉，将直播间或产品与热点建立联系，引起粉丝的兴趣，如央视新闻在微博中宣传"重启湖北武汉"公益直播活动（见图 5.1.9）。

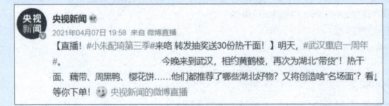

图 5.1.9　借势热点"重启湖北武汉"

（4）直播回顾与答疑

为了延长直播效益，放大直播效果，可以发布直播间的回顾内容（见图 5.1.10）；也可以根据在直播过程中出现的问题或售后问题进行答疑（见图 5.1.11），还可以将直播间的商品进行分类做成合集再次向粉丝"种草"。

遇见汶川
2020年11月18日 11:30 来自 微博视频号
#羌年# 【回顾羌年之夜！众多明星汇聚映秀，"助农直播"点燃汶川！】11月15日，映秀渔子溪村群雄汇聚，众多明星艺人与汶川儿女齐聚一堂，在坝坝宴中、在篝火前，在芒果TV希望的田野直播间内，点燃了一场温暖的羌年助农直播！让我们一起回顾吧！ 遇见汶川的微博视频

图 5.1.10　"羌年助农"直播回顾

03月05日 21:33 来自 福州小辣椒超话

💎福州小辣椒 我的小仙女们，这是咱们的3.2号直播的售后反馈楼~感谢我宝贝们的支持，这条底下有任何问题都可以集中反馈哈~😊如果没啥问题的话也欢迎反馈晒单哈哈哈

图 5.1.11 售后答疑

在微博平台中进行直播电商推广的文案不仅限于此，但文案设计的出发点都是以吸引粉丝的注意力、产生信任感和代入感为目的。

活动实施

🔍搜一搜 浏览你熟悉的主播在微博中发布的内容，归纳该主播的微博信息，填入表5.1.1 中。

表 5.1.1 微博信息表

主播姓名		微博昵称		粉丝量	
微博认证信息					
微博内容类型					
发布时间					
每日发布量					
平均每日阅读数					
平均每日互动数					
常用的文案结构、内容构成					

✒️做一做 设计微博文案。

背景：因为新冠肺炎疫情的影响，全国各地普遍出现了农产品滞销的问题。某企业店铺直播间参加淘宝平台大促活动期间进行了一场扶贫助农直播，帮助新疆某地销售滞销苹果，并且该地农产品发言人莅临直播间参与了此次直播。此次直播中所销售的苹果特点有：产自新疆阿克苏某优质农场，日照充足；具有果面光滑细腻、色泽光亮、果肉细腻、果核透明等特点；果香浓郁、甘甜味厚、汁多无渣，富含丰富的维生素 C、纤维素、果胶。

为了延长助农新疆苹果的热度，提高销售量，需要你的团队为此次直播设计微博推广策略，包括内容策划、发布时间、文案编辑等。完成表 5.1.2。

表 5.1.2　微博推广策略

发布时间	设计初衷	内容设计	微博文案

※ 活动评价 ※

　　张宝和他的同学们通过理论学习和实训活动基本了解了开展微博推广的方法和内容技巧，尝试开通微博账号发布内容，吸引了一批粉丝关注，为直播间起到了一定的推广效果。

活动 2　开展微信公众号推广

活动背景

　　同学们在学校指导老师的带领下首先开始学习开展微信公众号推广的知识：微信公众号的内容和优化图文排版，然后通过课后活动巩固知识。

课前引入

　　搜索一个你熟悉的主播或直播间的微信公众号，观察该公众号的定位，归纳出该公众号侧重发布什么类型的内容。

主播：＿＿＿＿＿＿＿＿＿＿＿＿＿＿＿＿＿＿＿＿＿＿

公众号的定位：＿＿＿＿＿＿＿＿＿＿＿＿＿＿＿＿＿＿＿＿＿＿＿＿

内容类型：＿＿＿＿＿＿＿＿＿＿＿＿＿＿＿＿＿＿＿＿＿＿＿＿＿＿

🔲 知识窗

1. 微信公众号推广的价值

　　利用微信公众号推广能够有效降低推广成本，获得忠诚度和活跃度高的用户及互动交流渠道，发布有价值的信息（见图 5.1.12）。

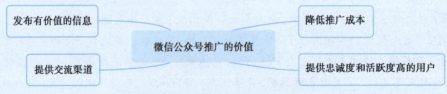

图 5.1.12　微信公众号推广的价值

　　（1）降低推广成本

通过微信公众号将消息推送给用户是免费的，并且目前网络消费者几乎都有使用微信的习惯，如果直播间使用公众号推送信息进行推广，可以节省一部分营销推广的成本。

（2）提供忠诚度和活跃度高的用户

微信的定位、用户数据等可以帮助直播间获得忠实的活跃用户，微信公众号是用户主动关注建立关系，这些用户往往具有较高的忠诚度和活跃度，由忠实读者逐渐发展为忠实客户。

（3）发布有价值的信息

微信公众号的规模不在于大小，而在于价值，要想拥有稳定的粉丝群，让用户持续关注进而获得转化，需要为用户提供有价值的信息，例如直播间观众感兴趣的信息可能是直播产品分享、优惠活动等，而其他用户却可能认为"种草"类信息更有价值。

（4）提供交流渠道

微信公众号平台类似短信平台，发布的信息是群发给关注用户，在内容和功能上却比短信更丰富公众号运营者可以在微信公众平台利用自动回复和客服功能直接与用户进行交流，进行答疑（见图 5.1.13），从而维护客户关系，获得更高的转化率，促成交易。

图 5.1.13　自动回复与客服功能

2. 设计公众号内容

公众号推文的内容设计主要包括内容类型、标题写作技巧和正文布局三个方面（见图 5.1.14）。

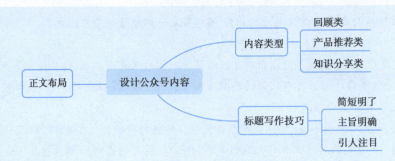

图 5.1.14　设计公众号内容

（1）内容类型

为扩大直播影响,公众号推文内容可设计为直播回顾、产品推荐、知识分享等,见表5.1.3。

表 5.1.3　推文内容类型

内容类型	解析	范例文章
回顾类	直播回顾类内容抓取直播过程中的精彩事物,以扩大直播的热度和影响。	《前方高能! 独家揭秘今晚时尚节后台精彩花絮!》分享直播后台花絮;《直播回顾丨错过了昨晚直播? 不要慌,看内文》回顾直播现场。
产品推荐类	文章内容将直播间的产品推荐给用户,围绕卖点让用户感受到"这对我有什么用",从而喜欢这个产品,激发购买欲望,增加直播间粉丝黏度。	《眼部产品哪个值得买?》分享其品牌眼部护理产品;《实名制打call! 这些宝藏卸妆你收到了吗?》给大家"种草"卸妆产品。
知识分享类	知识分享类的文章通过科普和传播某种技术或方法对人们产生影响,使人们对产品产生新的概念和需求,从而拓宽市场。	《如何应对秋冬痘痘》分享战痘方法,同时带货战痘产品;《美妆小李上线! 超详细的卸妆小技巧来咯!》科普卸妆技巧。

（2）标题写作技巧

标题可以使用户了解文章的主要内容和主旨,最大限度地展现文章的特色和亮点之处,直接影响用户对这篇文章的点击和浏览,所以,发布公众号文章要注意标题的设计,见表5.1.4。

表 5.1.4　标题写作技巧

技巧	解析	范例标题
简短明了	为避免用户产生冗余、沉闷感,标题不能太长,标题的内容要通俗明了,避免使用生僻或隐晦的词汇。	产品推荐类文章的标题"你们要的日系彩妆在昨晚卖爆啦!"

续表

技巧	解析	范例标题
主旨明确	标题是正文内容的高度概括，用户可以通过标题快速获取文章的主要信息。标题要结合正文内容明确主旨，不做"标题党"。	知识分享类文章的标题"还有多少女生不会卸妆？不同卸妆产品的使用小技巧来咯！"明确告诉用户此文章分享不同卸妆产品的使用技巧。
引人注目	亮点词汇和数据可以在第一时间让用户知道该文章传递的价值，经常能够快速吸引用户的注目，常用的亮点词汇有"震惊""警惕""前方高能""天啊""妙"等。	直播回顾类文章的标题"前方高能！独家揭秘今晚时尚节后台精彩花絮！"使用多个亮点词汇，引起用户产生心理共鸣和兴趣。

（3）正文布局

微信公众号文章除了需要好的标题，也需要富有内涵的正文内容才会让用户记住文章所表达的诉求，抓住用户心理。用户无论在什么平台上浏览，几乎都是在碎片化时间，所以正文中的文字内容要简单化，而配图丰富一些，且段落不能太长，每句字数不宜过多，多使用一些合适的标点符号隔开，从而降低阅读疲乏。

3. 优化图文排版

微信公众平台自带图文编辑器，但功能单一，缺少多样性的样式素材，对于需要样式进行美化视觉体验的公众号文章来说，简单的图文排版并不能满足大众的需要，由此我们需要借助其他工具来优化图文排版（见图 5.1.15）。

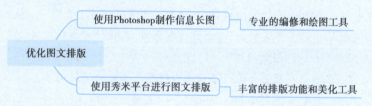

图 5.1.15 优化图文排版

（1）使用 Photoshop 制作信息长图

信息长图是将文字信息和数据信息进行包装，加以元素点缀，形成内容丰富的图片，相较于直接在公众平台进行图文编辑所获的排版（见图 5.1.16），信息长图的元素和布局更具有创意性，用户享受到更加轻量化的视觉体验（见图 5.1.17 和图 5.1.18）。

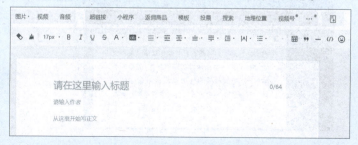

图 5.1.16 微信公众平台图文创作页面

信息长图在图层上一般分为三层：一层是便于拼接长图的纯色背景层或较简洁的背景层；二层是使用序号、线条、色块等对上下文信息进行逻辑梳理的逻辑元素层；三层是文字精简的文字层。

图 5.1.17　某主播微信公众号信息长图 1　　　图 5.1.18　某主播微信公众号信息长图 2

Photoshop 可以高效地进行平面设计、视觉创意和界面设计，使用 Photoshop 的编修与绘图工具可以有效地进行图片编辑工作，制作信息长图，为设计者提供广阔的设计空间。

（2）使用秀米平台进行图文排版

秀米图文排版工具是一款基于微信公众平台的图文编辑和排版工具，与微信公众平台自带的编辑器相比，拥有更多排版功能和美化工具（见图 5.1.19），使用秀米工具将内容编辑排版后可以直接复制到公众号后台发布。

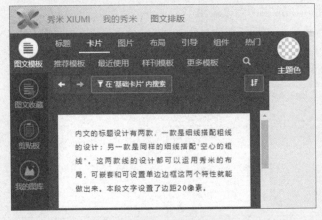

图 5.1.19　秀米图文排版工具

活动实施

✏️ **做一做** 开设公众号，完成表 5.1.5。

表 5.1.5 开设公众号

步骤	内容	详细说明
公众号名称、头像		
公众号定位		
设计第一篇推送的内容		

背景：某企业的直播间近期进行扶贫助农直播，前一天在直播中重点帮助新疆某地销售滞销苹果，并且邀请新疆某地发言人莅临直播间参与了此次直播。

请你为这个直播间开设一个公众号。

步骤1：设置公众号的名称、头像。

步骤2：对该公众号进行定位。

步骤3：设计公众号的第一篇推送内容。

✏️ **写一写** 设计微信公众号推文标题。

新疆某地盛产的苹果受疫情影响导致滞销，为助力农产品恢复市场正常秩序，直播间已经成功开展了一场苹果助农直播，为了进一步扩大直播影响决定利用微信公众号发布推文。请你写出3个与之相关的微信公众号推文标题，填入表 5.1.6 中。

表 5.1.6 助力苹果直播的推送文章标题

内容类型	标题

※ 活动评价 ※

张宝和他的同学们通过理论学习和实训活动基本了解了开展微信公众号推广的价值及其内容设计的思路，也尝试开通微信公众号并发布内容，吸引了一批粉丝关注，扩大了直播影响。

活动3 开展抖音推广

活动背景

同学们计划在抖音平台上发布一些短视频使直播活动效果得到发酵，在学校指导老师的带领下开始学习开展抖音推广的知识，包括抖音平台的特点、直播后进行抖音推广的短视频选题创意方向及短视频剪辑工具等内容。

课前引入

在日常生活中，你用过哪些短视频平台？在抖音平台中搜索"农产品"，分享一个给你印象最深刻的短视频。

短视频平台：_____

印象深刻的短视频：_____

⊡ 知识窗

1. 抖音平台的特点

（1）泛娱乐化

抖音——记录美好生活的短视频平台，创作者在创作短视频时更倾向于轻松、娱乐、生活化的方向，音乐、日常生活等娱乐属性明显的内容受用户欢迎。

（2）个性化推荐

抖音首创"单屏浏览模式"让用户通过向上滑动手机屏幕按顺序切换平台推送的视频，降低用户注意力被打断的概率，且用户观看的短视频在个性化推荐机制下都是由抖音平台根据用户观看停留时长、关注、点赞、评论、转发等行为优化推荐的。

（3）侧重原创内容

抖音会对原创的、有创意的内容给予更多流量支持，创作者持续生产优质内容，可获得抖音平台更多的流量推荐，让自己的作品展现给更多用户，进而宣传理念，实现转化。

2. 抖音短视频的选题创意方向

投放到抖音平台的短视频要围绕直播间的营销目标创意选题，优质的选题不仅能够受到用户喜欢，还能巧妙地传递直播间的宣传理念和产品信息（见图 5.1.20）。

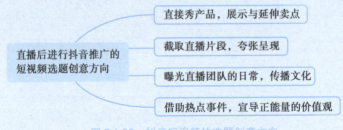

图 5.1.20　抖音短视频的选题创意方向

（1）直接秀产品，展示与延伸卖点

如果直播间的产品有趣或自带话题性，可直接以产品展示作为短视频的主题，如"某品牌卸妆油高比例天然成分让卸妆更温和清爽"，巧妙解决了用户"我担心卸妆油很油"的问题，有效地为产品扩大影响范围。

除了展示产品本身外，也可以继续发挥创意，挖掘更多卖点与用途，将产品的某些独有的特征延伸呈现，或者从用户的角度出发分享产品使用感受。

（2）截取直播片段，夸张呈现

从直播中截取温暖、有意义的片段，将其制作成短视频发布到抖音中，放大趣味点，用夸张的方式呈现，便于受众记忆，也可制作浓缩摘要式视频，删除直播中没有价值的画面，截取关键画面制作成短视频，并在画面中增加文字解说或者添加旁白。

（3）曝光直播团队的日常，传播文化

将直播团队办公日常、生活化的场景或员工日常趣事等录制成短视频，通过短视频呈现团队文化，激发用户内心的感动，提升归属感和信任感。

（4）借助热点事件，宣导正能量的价值观

创作者将热点话题往正面引导，从大多数人的思维角度去分析，发布一些激励人心、使人感动的内容，激起用户感动情绪，传播激励人们奋发向上的正能量。

3. **短视频剪辑工具**

虽然手机端视频编辑应用软件没有 PC 端视频编辑软件专业，但是胜在即时剪辑、即时分享，且操作简单易学。手机端常见的剪辑软件有小影、微视、剪映、抖音等。抖音 App 为创作者提供了充足的常用的视频剪辑功能，下面介绍抖音 App 的视频剪辑功能。

步骤 1：拍摄或上传视频素材。

进入抖音 App，点击底部的"+"进入拍摄视频页面，拍摄内容分为照片、视频和文字，其中视频的拍摄方式分为"分段拍"和"快拍"，左下角"道具"按键提供了丰富的滤镜和互动特效，在拍摄过程中提供趣味性素材。同时支持上传手机中已经拍摄好或制作好的视频（见图 5.1.21）。

图 5.1.21　上传视频素材

图 5.1.22　设置文字

步骤 2：添加文字。

在视频编辑界面右侧点击"文字"按钮，输入所需的文字，并设置文本格式（见图 5.1.22），点击右上方的"完成"按钮。点击添加的文字，在弹出的菜单中可以对文字进行"文本朗读"和"设置时长"操作（见图 5.1.23）。

步骤 3：添加贴纸。

充满娱乐性和趣味性的贴纸是抖音短视频内容创作的形式之一，创作者可以根据短视频的内容和情境需要选择合适的贴纸。在视频编辑界面右侧点击"贴纸"按钮，选择合适的"贴图"贴纸或"表情"贴纸（见图 5.1.24）。

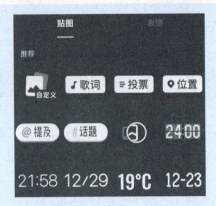

图 5.1.23　更多文本功能　　　　　　图 5.1.24　添加贴纸

步骤 4：添加特效。

添加特效后的短视频更加酷炫、更具创意，提升观众的视觉体验。在视频编辑界面右侧点击"特效"按钮，进入特效界面，包含了"梦幻""动感""转场""自然""分屏""装饰""材质""时间"等类型的特效（见图 5.1.25）。

步骤 5：添加滤镜。

给视频添加滤镜，可以掩盖由于拍摄造成的缺陷，使美丽的画面更加生动、绚丽多彩，凸显整体的效果，打造不同的风格。在视频编辑界面右侧点击"滤镜"按钮，进入滤镜界面，包含了"人像""风景""美食""新锐"和"限时"等滤镜（见图 5.1.26）。

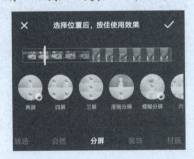

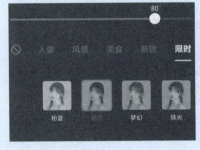

图 5.1.25　添加特效　　　　　　　图 5.1.26　添加滤镜

步骤 6：添加其他效果。

除了以上功能外，抖音视频剪辑还有"剪裁""自动字幕""画质增强""变声"等功能。

活动实施

🔍搜一搜　通过互联网搜索两个不同的手机端视频剪辑工具，并分析它们各自的优缺点，把分析结果写在下面横线处。

视频剪辑工具 1：_____

优点：_____

缺点：_____

视频剪辑工具 2：_____

优点：_____

缺点：_____

🖉 **做一做**　使用抖音平台制作创意卡点视频。

步骤 1：在视频编辑界面中点击"音乐"，在弹出界面中点击"更多音乐"。

步骤 2：进入选择音乐界面，在歌单分类中找到"卡点"，点击进入。

步骤 3：选择需要的卡点音乐，点击"使用"按钮。

步骤 4：返回音乐卡点界面，进行视频片段调整。

※ 活动评价 ※

　　张宝和他的同学们通过理论学习和实训活动基本了解了开展抖音推广的方法，尝试在抖音中剪辑短视频并发布出去，为直播间转化、固粉和引流起到了一定的推广效果。

拓展阅读：淘宝直播看点功能

任务 2 〉〉〉〉〉〉〉〉〉
经营直播粉丝

情境设计

　　张宝、黄东等几位同学向工作室主管提出要为直播间引进更多精准有效的流量，从而产生蝴蝶效应，因此安排了他们学习经营粉丝群体的知识。经过向学校指导老师请教和查阅资料发现，粉丝数量的增加能够直接带来店铺流量和转化率的增长，对于现有的粉丝，除了产品本身和直播内容外，还需要提供更多附加服务来强化关系，最终转化成消费。

任务分解

　　为了做好经营直播粉丝的新任务，张宝他们着重学习构建粉丝互动群和发放粉丝福利的内容，了解创建和管理粉丝群的方法。

活动 1　构建粉丝互动群

活动背景

　　同学们在学校指导老师的带领下学习构建粉丝互动群的知识：直播粉丝互动群的特点、创建淘宝粉丝群的方法和管理粉丝群等内容，然后通过课后活动巩固知识。

课前引入

进入"淘宝直播",选择一个你感兴趣的直播间加入其粉丝群,进入观察粉丝群内的活动,完成表 5.2.1。

表 5.2.1 直播间粉丝群信息表

粉丝群名称			
群内粉丝数		群内粉丝活跃度	
归纳出群内客服发布较多的内容			
在群内发起一次讨论	主题	客服响应速度	粉丝参与讨论的信息数

知识窗

1. 直播粉丝互动群的特点

（1）高效触达用户

直播粉丝互动群是用户在对直播间有兴趣或消费有需求的情况下组建的沟通群,在兴趣和需求的驱动下,用户与用户、用户与群内管理员之间的互动围绕着直播间和直播产品展开。

（2）超脱于交易本身

直播粉丝互动群除了围绕产品进行买卖关系间的互动外,适合直播团队进行客户关系管理,提供 VIP 专属服务,维护和沉淀用户。

（3）主动召回用户

发布在群内的消息会在用户手机中进行实时提醒,用户打开软件即能看到最新群消息,促进用户进店和转化。

2. 创建淘宝粉丝群的方法

①满足以下任一条件即可创建淘宝粉丝群:

a. 店铺最近 30 日内使用支付宝达成交易的笔数大于等于 30 笔且在正常状态,商家微淘等级为 L1 及以上。

b. 店铺近 180 天内成交金额在 100 万元及以上。

②创建淘宝群的步骤如下:

a. 手机端:手淘首页 → 底部"消息" → 右上角"+" → 创建群。

b. PC 端:淘宝卖家中心 → 营销中心 → 店铺营销工具 → 淘宝群。

　　点开创建的群,可以进行基础信息修改,设置子账号和管理员,获取群链接和二维码等。若粉丝数量较多,可以开设子群,每个子群最多可加入 500 人,群组的群公告、群密码、自动回复等基础设置对该群组下的所有子群都生效。

3.管理粉丝群

(1)淘宝群的基础功能

淘宝群的基础功能完善,支持卖家进行多种操作和管理群成员(见表 5.2.2)。

表 5.2.2　淘宝群的基础功能

功能	详细说明
设置管理员、设置黑名单	群成员列表选择成员→设置
修改群名称	群组信息页→群聊名称
修改群内昵称	群组信息页→本群昵称
群聊通知	默认推送到手机桌面
@群友	群聊天窗→输入@符合选择群友
踢人	群组信息页→"-"
消息免打扰	群组信息页→消息免打扰
发布语音信息	群聊天窗→语音
发布图片	群聊天窗→"+"→图片
群内发布宝贝链接	群聊天窗→"+"→宝贝
群内发布店铺链接	群聊天窗→"+"→店铺
发布红包、优惠券	在群内直接发起群专享的店铺红包和优惠券
发布单品、多图文、宝贝清单、直播等内容	通过内容页上的分享功能

(2)多渠道引导入群

　　为充分发挥群的作用,可通过多种方式引导用户入群,如在直播渠道设置加群提醒、达人主页底部导航加群提醒、旺旺自动回复设置加群提醒、店铺首页 Banner 加群提醒、宝贝详情页设置加群提醒、店铺导航条加群提醒等。

(3)发布优质内容

　　用户进入粉丝群后,其实并不希望看到的信息都是管理员刷屏卖货,所以管理员们要转变发布群消息的思路,用优质的内容代替销售刷屏,为用户持续性地提供有价值的内容,如直播活动信息、直播片段分享、知识分享等。

(4)高效互动

　　在直播前、中、后与粉丝的互动都是十分重要的,在粉丝群内与用户进行互动活跃气氛,即时为用户解答疑问,参与用户的讨论,能够让用户感受到被关注和重视,增加用户黏性。

（5）专属权益

专属权益可以让群内用户保持期待感和参与感，通过群内丰富的互动活动和定期发放专属权益来形成用户的高黏性互动和回访，促进用户进店和转化。

活动实施

 说一说

简单说明粉丝群运营团队需要哪类人才？

做一做　探索淘宝直播粉丝群。

步骤1：4人为一组，进入"淘宝直播"，选择进入1个直播间并加入该直播间的粉丝群。

步骤2：观察该直播间在直播过程中和直播结束后粉丝群的动态，以用户的角度，完成表5.2.3直播粉丝群体验报告表。

步骤3：完成体验报告表后，小组成员进行讨论，小组派代表分享体验成果。

表5.2.3　直播粉丝群体验报告表

直播粉丝群体验报告表			
群名称		群成员数	
群管理员数		进群规则	
群简介			
直播过程中群消息内容			
直播结束后群消息内容			
直播前、中、后群内活跃度对比			
群互动频率		群答疑速度	
群活动内容类型			

※ 活动评价 ※

张宝及其小组成员通过理论学习和实训活动基本掌握了直播粉丝互动群的理论知识，了解了创建和管理淘宝粉丝群的方法，在活动过程中明白运营直播粉丝群需要懂得线上社交礼仪，接下来需好好学习，提升自身社交素养。

活动 2　发放粉丝专属福利

活动背景

张宝他们在学校指导老师的带领下首先开始学习关于粉丝专属福利的知识，然后通过课后活动巩固知识。

课前引入

回忆一下，在你的网上购物经历中，都享受过哪些优惠活动？列举几个写下来。

_____

_____

□ 知识窗

专属福利是激发粉丝群活跃度的一个有效工具，淘宝平台提供多款群权益工具（见图5.2.1），可供群管理员使用，以帮助提升群内活跃度，提高老客回头率，促进新客转化。

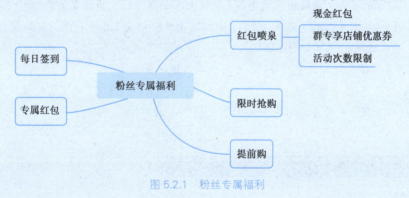

图 5.2.1　粉丝专属福利

1. 红包喷泉

设置好的红包喷泉会提前6个小时在群内置顶卡片上进行预热，提醒用户参加，到设定的时间后自动发布到群内（见图5.2.2和图5.2.3）。

（1）现金红包配置

①现金红包可设置面额0.5～1 000元的红包，可自定义设置红包面额及个数。

②现金红包设置的总金额不可高于奖品池剩余金额。

（2）群专享优惠券配置

①需单独创建群专享渠道优惠券，设置单人领取上限，即是在活动期间内每位用户领取上限数量。

②若用同一个群设置多场红包喷泉活动，用户参与全部红包喷泉活动的领取上限为群专享渠道优惠券的领取上限。

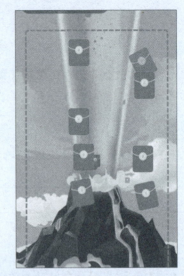

图 5.2.2　红包喷泉消息　　　　　　图 5.2.3　红包喷泉界面

　　例如：商家配置群专享渠道优惠券 A，每人上限领取 2 张。若设置 4 场红包喷泉活动，分别为 11 月 1 日、11 月 2 日和 11 月 3 日、11 月 4 日，用户在 11 月 1 日和 11 月 2 日共领取了 2 张，那么在 11 月 3 日和 11 月 4 日则无法领取。

　　③群专享店铺优惠券设置数量，不可高于奖品池剩余数量。

　　④群专享优惠券金额设置：设置整数倍金额，最小面额为 1 元，卖家需设置发放面额和个数，上限规则同步群专享渠道优惠的上限（见图 5.2.4）。

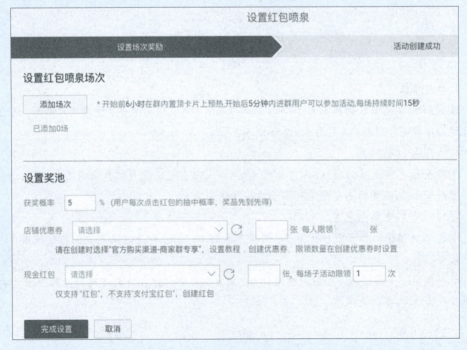

图 5.2.4　设置红包喷泉

（3）活动次数限制

①场次限制：卖家单次最多创建 15 场红包喷泉。

②活动数量限制：商家每天最多可拥有 10 个正在进行中的活动。

2. 限时抢购

（1）"限时抢购"的设置步骤：登录千牛后台 → 自运营中心 → 用户 → 淘宝群 → 后台管理 → 设置营销活动 → 限时抢购。

（2）限时抢购注意事项

①限时抢购的商品库存无法锁定，商品库存设置不能高于商品现有库存。

②限时抢购的价格会影响商品的最低价，设置时要留意盈亏。

③淘宝群内限时抢购的商品折扣，可与现金红包、店铺红包和店铺优惠券等叠加计算，所以卖家设置时注意控制优惠力度，避免资损风险。

3. 提前购

"提前购"的设置步骤：登录千牛后台 → 自运营中心 → 用户 → 淘宝群 → 后台管理 → 设置营销活动 → 提前购。

参加群内"提前购"的商品需同时满足两个条件：一是商品属于定时上架类商品；二是商品上架时间距离当前 48 小时以内。注意：参与"提前购"的商品库存无法锁定，卖家设置提前购活动时要注意库存风险。

4. 每日签到

"每日签到"的设置步骤：登录千牛后台 → 自运营中心 → 用户 → 淘宝群 → 后台管理 → 设置营销活动 → 淘金币签到。

商家设置签到玩法和奖品，用户可通过淘宝群每日签到堆积获得相应的淘金币、店铺优惠券、平台通用红包等（见图 5.2.5 和图 5.2.6）。

图 5.2.5　每日签到 1

图 5.2.6　每日签到 2

5. 专属红包

"红包"的设置步骤：登录千牛后台 → 自运营中心 → 用户 → 淘宝群 → 后台管理 →

设置营销活动 → 拼手气红包,或手淘群聊天窗 → "+" → 红包。

同一个用户在同一个商家的一场定时瓜分红包活动中,只能领取一个红包,加入同一商家的多个群也只能领取一个红包(见图 5.2.7)。

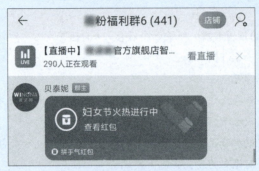

图 5.2.7 拼手气红包

天猫商家也可使用聚客通的新品标、买家秀、会员积分、签到有礼、刮刮乐、大转盘等与粉丝互动,聚客通的节日营销、优惠券等功能让粉丝下单购买时享受特殊优惠,还可以用聚客通的返利分销,让粉丝主动把自己的购物体验分享给朋友,引导朋友下单。通过开展各种专属福利增加粉丝的黏性、活跃度以及忠诚度。

活动实施

 说一说

除淘宝粉丝群外,在其他平台创建的粉丝群可以设置哪些专属福利?以微信群为例说一说。

📎 做一做　策划群福利活动。

背景:某公司店铺直播间计划在平台大促活动期间开展一场农产品特惠直播。为了促进该场直播的宣传、延续该农产品的热度并带动粉丝购买,请为该直播间的粉丝群策划群福利活动。完成表 5.2.4。

表 5.2.4　群福利活动

活动时间	活动类型	活动内容设计	详细说明

拓展阅读：淘宝直播间粉丝亲密度

※ 活动评价 ※

　　张宝及其小组成员通过理论学习和实训活动基本了解了设置粉丝专属福利的操作步骤，懂得了维护粉丝需要先了解粉丝的需求，然后针对不同场景发放粉丝福利，增强粉丝群体黏度和促进转化。

合作实训

　　实训名称：扶贫助农直播项目——抖音短视频推广

　　实训背景：张宝和同学们加入了校企合作单位十点钟文化传媒工作室的"农产品扶贫助农直播项目"后，参与了几次农产品扶贫助农的直播，接到了工作室主管分配的新任务——将直播回放视频进行剪辑处理成短视频，并发布在抖音中。

　　实训目的：剪辑直播视频，为扶贫助农直播项目的农产品进行二次推广，扩大和延续直播影响，提高客户黏度。

　　实训过程：

　　步骤 1：组建团队，讨论并任命一名小组长。

　　步骤 2：通过小组开会，在直播回放视频中挖掘有价值的视频片段，组合视频片段设计短视频脚本，完成表 5.2.5。

表 5.2.5　短视频设计脚本

短视频选题方向						
设计思路						
镜头	视频画面	时间	解说	音乐	字幕	备注
1						
2						
3						
⋮						

　　步骤 3：根据设计的脚本，利用直播视频素材剪辑形成短视频。

　　步骤 4：将剪辑完成的短视频发布到直播间的抖音账号上，观察账号数据动态，并与粉丝进行评论互动。

　　步骤 5：进行数据分析，改进直播视频剪辑设计方案，重复步骤 2、3、4。

　　实训小结：通过此次直播视频剪辑——抖音短视频推广活动，小组成员了解了短视频脚本的设计技巧，掌握了短视频的剪辑操作，通过短视频平台将直播进行二次推广，扩大和延续扶贫助农直播项目的影响。

项目总结

本项目是保持直播热度、促成观众进入直播间的重要内容，是引导观众关注、让观众成为忠实粉丝并维持粉丝黏性的关键手段。通过本项目的学习，同学们了解了借助微博、微信公众号和抖音平台进行直播二次推广的策略，认识了粉丝互动群的创建和管理方法，掌握了微博内容和公众号内容的设计技巧，以及短视频编辑工具的使用。在学习和实训过程中培养学生团体合作意识和创新创作能力，提高了学生适应社会主义市场经济需要的人际关系处理能力，提升线上社交素养。

项目检测

1. 判断题（正确的打"√"，错误的打"×"）

(1) 只要发布了原创视频到抖音中，任何人都有机会在短时间内从 0 涨到百万粉丝。

（   ）

(2) 可以使用秀米、135 编辑器等平台为公众号的文章进行排版。（   ）

(3) 淘宝群组的子群最多可加入 500 人。（   ）

(4) 群专享店铺优惠券设置数量可以随便设，不用考虑奖品池剩余数量。（   ）

(5) 淘宝群内限时抢购的商品折扣，不可与现金红包叠加计算。（   ）

2. 单项选择题（每题只有一个正确答案，请将正确的答案填在括号中）

(1) 微信订阅号一天最多发（   ）次推送。

　　A.1 次　　　　　B.2 次　　　　　C.3 次　　　　　D.无数次

(2) 微博的主要互动方式是（   ）。

　　A.活动＋奖品＋关注＋评论＋转发　　　B.活动＋奖品＋关注＋评论

　　C.关注＋评论＋转发　　　　　　　　　D.活动＋评论＋转发

(3) 抖音短视频的选题创意方向不包括（   ）。

　　A.秀产品　　　B.直播间片段　　　C.借助热点事件　　　D.不需关注内容垂直度

(4) 下列关于粉丝群的管理说法正确的是（   ）。

　　A.创建粉丝群后不需要花太多时间在粉丝群上，由粉丝自行互动即可。

　　B.粉丝群内不可以发布商品链接。

　　C.任何店铺都可以创建淘宝粉丝群。

　　D.群管理员在粉丝群内发布消息频率不能太密，避免导致群成员反感。

(5) 主播在粉丝运营时，下列方法不能够提升粉丝黏性的是（   ）。

　　A.引导粉丝加入粉丝群　　B.高效互动　　C.频繁发送信息　　D.创作优质内容

3. 多项选择题（每题有两个或两个以上的正确答案，请将正确的答案填在括号中）

(1) 微信公众号有哪几种类型？（   ）

　　A.订阅号　　　B.服务号　　　　C.企业号　　　　D.个人号

（2）在微博中进行推广的优点有（　　　）。

    A. 操作简单   B. 成本低   C. 互动性强

    D. 针对性强   E. 传播速度快

（3）微博的内容可以归纳为哪两类？（　　　）

    A. 群发类   B. 转发类   C. 原创类   D. 关注类

（4）群专享优惠券金额可以设置为（　　　）。

    A. 0.5 元   B. 1 元   C. 5 元   D. 100 元

（5）以下属于抖音平台的特点的是（　　　）。

    A. 内容泛娱乐化   B. 个性化推荐

    C. 侧重原创内容   D. 视频时长无限制

4. 简述题

（1）谈谈你对微信公众号的认识和理解。

（2）哪些方式可以保持粉丝群体的活跃度？

（3）简述利用第三方平台进行直播后二次推广的价值。

项目 6
提升篇：复盘直播电商数据

项目综述

张宝、黄东、林多和袁讯组建的直播团队，在企业导师的指导下，开展直播带货已经有一段时间，但直播间的观看量、粉丝数一直上不去，产品的销量也没达到预期目标。为了解决直播效果不好的问题，张宝他们决定对这一段时间的所有直播进行回看复盘，分析相关数据，列举直播过程中的不足因素，总结经验，提升直播技能，完善营销策略，提高直播效果。

项目目标

通过本项目的学习，应达到的具体目标如下：

知识目标
◇了解直播复盘的概念
◇熟悉直播复盘的内容
◇掌握直播复盘的常用数据指标
◇掌握直播复盘数据分析的方法
◇掌握直播复盘会议的流程

技能目标
◇熟练利用直播平台工具进行数据分析
◇掌握直播复盘的方法与技巧
◇掌握开展直播复盘会议的技巧
◇培养学生的数据分析能力

素质目标
◇提高学生团体合作意识
◇强化学生技能助农的公益意识
◇培养学生客观求实的学习态度
◇树立学生精益求精的敬业精神

▣ 项目思维导图

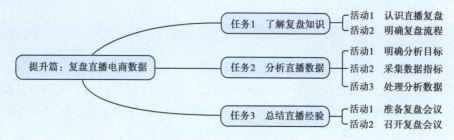

任务1 ⟫⟫⟫⟫
了解复盘知识

情境设计

张宝、黄东、林多和袁讯在十点钟文化传媒工作室开展网络直播营销已经有一段时间，但直播效果没有达到预期目标，为解决此问题需要对直播全过程进行复盘，及时分析原因，改进直播策略，为以后的直播带货积累经验。

任务分解

为进行有效的复盘，张宝他们需要提前学习复盘及直播复盘的概念，同时还需要了解直播复盘的内容及流程，了解如何开展直播复盘，为进行直播复盘打好基础。

活动 1　认识直播复盘

活动背景

张宝他们开始自学直播复盘的相关知识，通过网络搜索资料，了解了复盘和直播复盘的概念及其重要性。

课前引入

很多知名主播不管直播到多晚，在下播后都会进行直播复盘，开复盘会议。试分析：开展复盘会议究竟有什么作用？

_____

_____

1. 直播复盘的基本概念

（1）什么是复盘

复盘，围棋术语，也称"复局"，指对局完毕后，复演该盘棋的记录，以检查对局中招法的优劣与得失关键。"复盘"在贸易术语中，是指项目结束后，对其进行回顾和总结。为了持续提升营销效果，企业在营销活动结束后通常也要进行复盘，总结经验教训并作为下一次营销活动的参考。

（2）什么是直播复盘

直播复盘，是指在直播活动结束后，主播及其团队对此次直播活动的各项数据进行回顾、分析、总结，查找差距，弥补不足，积累经验，确定后续整体直播的节奏，优化直播效果的过程。

2. 直播复盘的意义

直播是一个系统工程，在直播过程中的每一个环节与细节都决定着一场直播的成败，所以在每一场直播后必须进行复盘，其意义在于：

①强化目标：可以加快后期工作的进度，以及方便对工作进行量化。

②发现规律：通过总结规律可以使整个直播工作流程化，减少不必要的精力和时间消耗。

③复制技巧：吸取成功经验并复制经验，不断提高直播能力和技巧。

④避免失误：发现失败原因避免下次再犯，让下次直播更成功。

3. 直播复盘的类型

直播复盘的类型有以下两种：

①单场复盘：指的是对一场的直播进行复盘，一般是在下播后进行。

②主题复盘：指的是对某个主题直播进行复盘，一般是在直播一段时间后，对同一主题的直播进行复盘。

活动实施

【辨一辨】 以下案例哪个属于单场复盘，哪个属于主题复盘？

（1）主播在直播结束后召集直播团队召开复盘会议。

（2）"双十一"活动结束后，企业的直播团队就"双十一"活动的营销情况进行复盘。

属于单场复盘的是：_____

属于主题复盘的是：_____

?? 想一想　分析案例，回答问题。

2020 年 5 月 10 日，格力电器董事长董明珠在快手直播间里，进行她个人生涯的第二场直播卖货。30 分钟，3 个产品的成交额破 1 亿元，100 分钟，成交额破 2 亿元，3 个小时，成交额破 3.1 亿元（见图 6.1.1）。原价 15 899 元的高端柜机，上架秒空，一款单冷定频空调，半小时就卖了 6 万台。这场直播带货，董明珠的成绩确实亮眼。

但谁能想到，这距离她上次直播翻车，不过短短十几天。

2020 年 4 月 24 日晚，董明珠抖音直播带货首秀：全网 431 万的观看人数，销售额却只有 22.53 万元。要知道，22 万元销售额，还不及格力一家门店。网上评论说：格力与抖音一起创造了一场罕见的直播事故。毫无疑问，董明珠直播首秀翻车了。

但时隔 15 天后，她整装再出发。

再次直播时，她和团队吸取了首秀滑铁卢的种种教训，很明显做了复盘。

第一次直播时，没有大幅优惠，网络卡顿厉害，机位太少，场地混乱……

这次，他们把所有问题全都解决了。

图 6.1.1　董明珠快手直播卖货战报

优惠力度巨大，全程直播流畅，画面很多机位，场地精心布置，注重体验，让观众有代入感。品类也是精挑细选过的电商爆款。

这次，董明珠打了一场漂亮的翻身仗。

请分析上述案例并回答：

（1）董明珠首场直播翻车的原因是什么？

_____

_____

（2）董明珠第二场直播能成功的法宝是什么？

_____

_____

※ 活动评价 ※

张宝及其小组成员通过理论学习和实训活动基本掌握了直播复盘的基础知识，通过小组任务也让小组成员更加了解对方，增强小组团队合作的意识，强化沟通分享的能力，提高学习的积极性和效率。

活动 2　明确复盘流程

活动背景

张宝他们通过学习了解到直播复盘的重要性，但是如何进行直播复盘，他们还一头雾水，所以他们请教了企业导师，通过导师的指导，学习到了直播复盘的内容及流程。

课前引入

图 6.1.2　直播复盘会议

案例—淘宝某主播直播复盘会议

3 个多小时的带货直播，足以让人精疲力竭。接近凌晨时分，刚刚下播的某知名主播依然没有结束工作，因为有一项重要的事项在等着他。会议室里，直播团队成员就位，一场复盘会拉开帷幕。一个"简约版"的复盘会，在深夜开展。看看他们团队怎么做复盘（见图 6.1.2）。

（1）数据回顾

3 小时 20 分的直播时间，观看人次 1 300 万，引导进店 320 万,平均用户在线时长 20 分钟。

（2）失误盘点

失误 1：优惠券失误。导致结果：用户体验不佳,影响销量,失误直接责任人接受处罚;原因：带货品类众多,没有进行核查;解决措施：时间置前,提前检查。

失误 2：直播现场,主播找不到相关工作人员。导致结果：带货时间延误,现场出现"尴点";原因：工作人员离开了现场,处理其他事务;解决措施：直播时,相关人员必须在现场等候。

失误 3：口播用词出现失误,直播中出现的词汇"24k 金",国内并无相关的定义。导致结果：粉丝产生"不专业"感,且会导致"违规"。解决措施：国外商品的介绍对照国内的相关标准和规定。

（3）成果总结

在带货的 7 种食品中,螺蛳粉最受欢迎,点击人次达 100 多万次,蝉联销量第一;在生活品类的带货商品中,刚需女性用品销量排位第一,漱口水及补水膏点击较弱,但销售转化达标;美妆品类产品,国货美妆产品超过 100 万次点击,排位第一,销售情况极佳。

（4）规律分析

带货的商品本身质量要好,带有一定的销量"底子"。当品牌已初步打开市场后,承接其带货需求,会产生较好带货效果。同时品牌专属链接不能改变,新链接会清空此前销量,火爆状态会削弱,尤其对于小众国货商品。最后,销量火爆的商品货源备足。

每场直播结束后进行复盘会议,将失误的经历一点点剖析、总结,并形成对策;将做得好的地方,进一步深化,推向极致。这也许就是该主播能够成为头牌主播的原因之一。

阅读上述案例并利用网络查找相关资料,回答以下问题填入下面横线处。

直播复盘指的是：＿＿＿＿＿＿＿＿＿＿＿＿＿＿＿＿＿＿＿＿＿＿＿＿＿＿＿＿＿＿

直播复盘的主要内容有：＿＿＿＿＿＿＿＿＿＿＿＿＿＿＿＿＿＿＿＿＿＿＿＿＿＿

🔲 知识窗

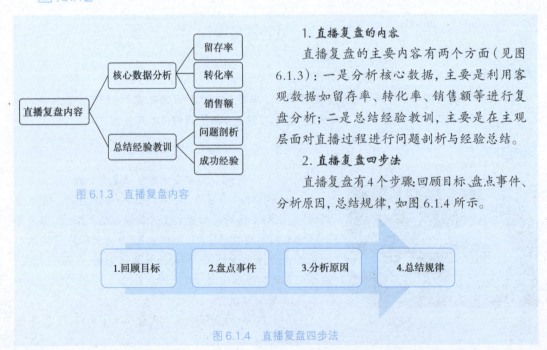

图 6.1.3　直播复盘内容

1. 直播复盘的内容

直播复盘的主要内容有两个方面（见图 6.1.3）：一是分析核心数据,主要是利用客观数据如留存率、转化率、销售额等进行复盘分析;二是总结经验教训,主要是在主观层面对直播过程进行问题剖析与经验总结。

2. 直播复盘四步法

直播复盘有 4 个步骤：回顾目标、盘点事件、分析原因,总结规律,如图 6.1.4 所示。

图 6.1.4　直播复盘四步法

（1）回顾目标

对照目标和结果。单场直播复盘通过陈述本次直播的成绩，对比预期与结果，找到成功与失败之处；多场直播后的主题复盘，则要回顾初衷，分析是否有效达成了开始设定目标。

（2）盘点事件

盘点亮点和不足。客观如实地重现关键事件的过程，从中汲取经验和教训，做到不夸大成功，不回避失败。

（3）分析原因

分析成功和失败的主要原因。将成功的行为进一步巩固深化，使之成为可持续利用的方法论。对失败的行为则进行细致深入分析，找出原因，制订行动计划，以便在下一次的工作中进行改进。

（4）总结规律

对成功和失败事件进行总结，找到规律，并用规律指导后续的行动；但是，对于复盘得出的规律要持谨慎态度，要通过质疑进行检验，不要轻易下结论，避免刻舟求剑。操作流程如图6.1.5所示。

图6.1.5　复盘直播事件操作流程

活动实施

⊙填一填⊙　直播复盘内容记录。

请详阅课前引入的复盘案例，完成表格6.1.1。

表6.1.1　直播复盘内容记录表

整体效果分析	效果指标			
	具体数据			
产品销量分析	产品类别			
	销量情况			
具体问题剖析	事故结果			
	原因分析			
	解决措施			

★议一议★　如何做有价值的直播复盘。

很多知名淘宝主播结束直播不管多晚，都必须要召集团队成员进行复盘，直播复盘如此重要，那么如何做直播复盘才有价值,请你与同学们讨论做好直播复盘应注意哪些方面,并写下来。

※ 活动评价 ※

张宝他们通过案例掌握了直播复盘的流程,了解了复盘的主要内容,为接下来的复盘活动打下了理论基础。

拓展阅读:复盘和
总结的不同

任务2 ▶▶▶▶▶▶
分析直播数据

情境设计

张宝、黄东、林多和袁讯掌握了直播复盘的概念、内容和流程,接下来他们需要分析直播后台的相关直播数据,找出目前直播存在的问题,并尝试解决。

任务分解

张宝他们本次任务是要通过直播数据找到直播效果不好的原因,首先要明确数据分析的目的,然后在直播后台采集相关的数据,最后处理分析数据,找到根本原因,从而解决问题。

活动1　明确分析目标

活动背景

张宝他们为了完成本次任务,通过网络学习数据分析各流程要点以及如何明确数据分析目标。

课前引入

简单描述你对数据分析的理解,并将你的想法写下来。

▣ 知识窗

直播数据分析是指用适当的统计分析方法对所收集来的大量数据进行分析,从而提取有用信息,形成结论并对数据加以更为详细地研究和概括总结。

1. 直播复盘数据分析的步骤

直播复盘其中一个重要内容就是对相关的数据进行统计分析,其步骤主要有三步,如图6.2.1 所示。

图 6.2.1 直播复盘数据分析的步骤

①明确分析目标：在进行数据分析前，要先明确直播的目标，根据目标与现实的差距找到问题所在。

②采集直播数据：目前直播大部分的数据主要来源于平台自带的分析工具，例如淘宝平台主要在淘宝直播数据中心采集相关数据。

③处理分析数据：对直播的核心数据如商品点击率、粉丝平均停留时长、转粉率、转化率等进行分析，较常用的方法是对比分析法，通过数据间的对比，找出规律。

2. 明确分析目标

直播数据分析的目的是把隐藏在看来杂乱无章的直播数据中的信息集中、萃取和提炼出来，以便找出所研究对象的内在规律。那么应该如何明确数据分析的目标呢？明确数据分析目标的三个步骤如图 6.2.2 所示。

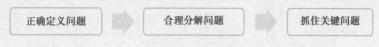

图 6.2.2 明确分析目标的步骤

（1）正确定义问题

在复盘工作中，问题指的是实际达成目标和计划目标之间的差距。这差距可以是正向的，也可是负向的。正向的差距需要提炼出方法论，负向的差距就要明确问题所在并找出原因。

在解决问题之前，要先认清问题的本质。如果问题的定义都是错的，那么解决问题的方向可能就不对。例如：张宝听了李大叔直播卖柑橘月入 6 万元的故事，心想：为什么李大叔能月入 6 万元？这个问题的定义，应该是关注"月入 6 万元"，而不是"李大叔"。也就是说，张宝想的应该是"如何实现月入 6 万元"，而不是"如何变成李大叔"。

（2）合理分解问题

把大问题分解为小问题，问题间做到不重叠、不遗漏，而且能够借此有效把握问题的核心，并成为有效解决问题的方法。

例如：李大叔如何实现月入 6 万元？这是一个大问题，可以进行细分。因为销售收入 = 订单数 × 单价，订单数和单价是相互独立的，所以能把这个问题细分为：①如何实现一个月卖6 000 斤柑橘？②如何实现柑橘每斤卖 10 块钱？

（3）抓住关键问题

把问题进行细分以后，可能会变成很多个问题。例如：对于一家销售型的企业来讲，如何提高营业利润？如何提高销售额？如何提高订单量？如何提高单价？如何提高转化率？如何提高流量？如何提升广告效果？如何提高客户重复购买率？如何节约成本……

当问题太多的时候，我们要根据业务的实际情况，抓住其中关键的问题。

3. 直播数据分析常用指标

影响直播效果的主要指标有流量指标、观看指标、粉丝指标和转化指标，具体内容见表6.2.1。

表 6.2.1　直播数据分析常用指标

指标	维度	释义
流量指标	浏览次数（PV）	直播间页面累计浏览次数(含用户从详情页等返回直播间的展现)。
	访问用户数（UV）	直播间累计访问用户数（包含回放）。
	封面点击率	直播频道页内封面图点击次数／封面图曝光次数。
观看指标	平均观看时长	直播间内用户的平均观看时长,反映直播间内容的吸引力。
	互动率	互动用户数／直播间访问用户数,互动行为包含点赞、评论、分享、关注,反映直播间互动氛围。
粉丝指标	粉丝总数	直播账号累计关注粉丝数(包含直播间、主页、微淘等关注入口)。
	新增粉丝数	用户在直播间内的新增关注粉丝数。
	转粉率	转粉率即新增关注率,新增关注用户数／直播间访问用户数,反映该场直播主播的吸粉能力。
	粉丝回访率	直播间访问粉丝数／前一日账号内累计粉丝数。
转化指标	商品点击次数	所选时间范围内,用户点击宝贝进入详情页或直接加购的次数。
	商品点击率	直播间商品点击人数／直播间访问用户数(包含回放)。
	成交转化率	直播间种草成交人数／商品点击用户数(包含回放)。
	客单价	销售额／成交顾客数,反映每一个顾客平均购买商品的金额。
	UV价值	直播销售额／直播访客数,是直播间运营成果的核心展现,UV价值越高,说明直播的成效越好。

活动实施

算一算　计算出以下数据。

某场直播观看量是 10 538,直播时长为 6 小时,访客数是 4 273,新增粉丝数是 415,商品点击用户数是 3 695,成交人数是 2 476,成交笔数是 1 869,成交金额是 82 039 元,那么该场直播的转粉率是＿＿＿＿＿＿,成交转化率是＿＿＿＿＿＿,客单价是＿＿＿＿＿＿,UV价值是＿＿＿＿＿＿。

★议一议★　某直播间的流量一直比较低,通过搞活动也不见起色,为了找出其原因,应该分析哪些相关数据?

※ 活动评价 ※

张宝他们通过理论学习和实训活动基本掌握数据分析的基础知识，懂得了如何明确直播数据分析目标，了解了影响直播效果的主要指标，为接下来的数据分析活动打下基础。

活动 2　采集数据指标

活动背景

张宝他们明了本次数据分析目标，接下来是要在直播后台采集相关的指标数据进行分析。

课前引入

提问：

（1）影响直播效果的指标有哪些？

（2）影响直播流量的数据项有哪些？

（3）分析用户画像的数据项有哪些？

▢ 知识窗

1. 淘宝直播平台的数据

目前淘宝直播主要有 3 种类型的数据产品，分别是实时直播支持、下播诊断分析和直播专项分析，它们的作用、产品及统计范围见表 6.2.2。

表 6.2.2　淘宝直播数据产品

类型	作用	产品	统计范围
实时直播支持	掌握当场直播实时情况，及时调整。	智能数据助理	按照场次统计，从直播开始到结束，不包含预告、回放的数据。
下播诊断分析	下播后账号诊断，如何进行长期提升优化。	直播诊断、用户分析、货品分析	按天统计，包括当天所有的直播、预告、回放数据。
直播专项分析	针对某个专项问题提供解决方案。	连麦配对、流量券	按专项内容统计，包括近 90 天相关数据。

2. 直播实时数据

智能数据助理是提供每场直播实时数据的产品，主播可以根据实时数据的变化及时了解直播效果和进行直播调整，实时数据入口包括 PC 端和主播 APP 端。

（1）PC 端

①在直播中，打开直播中控台，点击查看详细，即可查看实时数据（见图 6.2.3）。

图 6.2.3　淘宝直播实时数据

②在直播结束后，打开直播中控台，点击"我的直播"，选择某条直播回放，点击数据详情（见图 6.2.4）。

图 6.2.4　淘宝直播首页

（2）淘宝主播 App 端

在直播中，打开主播 App 的直播推流页面，向左滑动（见图 6.2.5），即可查看直播的实时数据。

图 6.2.5　淘宝主播 App 推流页面

在直播结束后，打开主播 App"我的直播"，点击左下角第一个按钮，如图 6.2.6 所示。

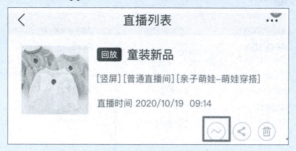

图 6.2.6　淘宝主播 App 直播列表

3.下播诊断分析

打开直播中控台首页，在左侧栏的数据中心看到有直播诊断、货品分析、用户分析、连麦配对、流量券五个数据模块（见图 6.2.7）。

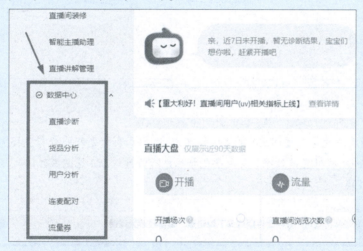

图 6.2.7　淘宝直播数据中心页面

（1）直播诊断

直播诊断反映的是一段时间的整体数据表现，并且会根据这个表现提供和同行业对比的诊断结果，主播可以由此判断账号整体的变化趋势和制订较长期的优化计划。直播诊断主要包含五个板块：直播能力诊断（见图 6.2.8）、直播大盘（见图 6.2.9）、直播分场次效果、商品分场次效果、成交明细。

图 6.2.8　直播能力诊断板块

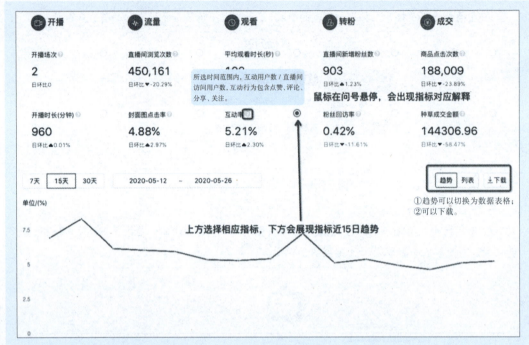

图 6.2.9　直播大盘板块

（2）用户分析

用户分析反映的是直播间用户的变化情况,让主播和商家更好地分析直播间用户的波动、特征,进而优化,提升直播效果。其主要包括用户活跃度诊断(见图 6.2.10)、用户结构及用户画像三个板块。

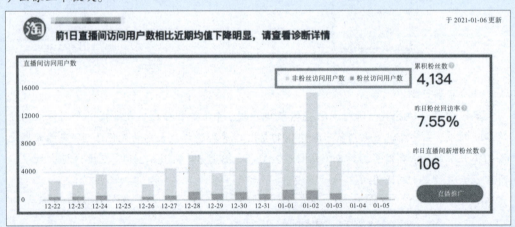

图 6.2.10　用户活跃度诊断板块

（3）货品分析

货品分析反映直播间的货品成交情况,并且对货品结构优化提出建议。其主要有货品诊断(见图 6.2.11)、直播商品总览、直播商品榜单和用户货品洞察需求 4 个板块。

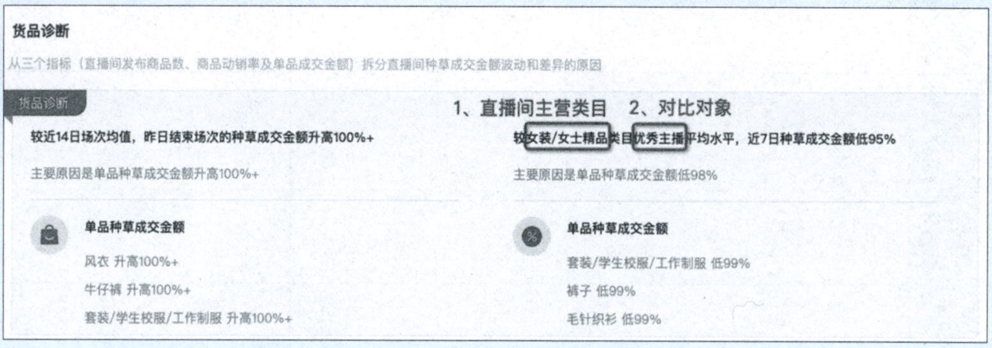

图 6.2.11 货品诊断板块

活动实施

🔍查一查 打开数据中心，查找以下直播指标的含义，完成表 6.2.3。

表 6.2.3 直播指标

直播指标	含义
观看次数	
观看人数	
封面点击率	
平均观看时长	
新增关注率	
商品点击率	
成交转化率	

✎做一做 请登录淘宝直播后台数据中心，选择已结束的三场直播，按下表的数据指标，采集直播数据，填入表 6.2.4。

表 6.2.4 直播数据登记表

序号	日期	直播昵称	发布预告时间	栏目标签	观看量PV	直播时间段	直播时长	观看人数	封面图点击率	平均观看时长	新增粉丝数	新增关注率	互动率	商品点击率	引导成交金额	成交转化率
1																
2																
3																

※ 活动评价 ※

　　张宝他们通过理论学习和实训活动了解了淘宝直播数据的产品：智能数据助理、直播诊断、用户分析、货品分析，掌握了淘宝直播平台各种数据的查看方法，为接下来的数据分析活动起到重要作用。

活动 3　处理分析数据

活动背景

　　张宝他们已经采集好相关的数据并形成表格，接下来是要分析数据。通过对比分析、异常点诊断，分析原因，最后得出结论。

课前引入

基础数据趋势图（30分钟区间值）

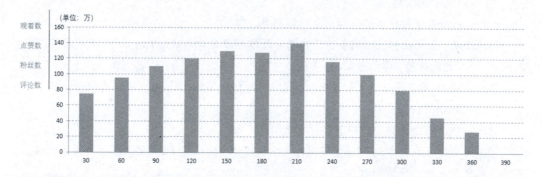

基础数据趋势图（30分钟区间值）

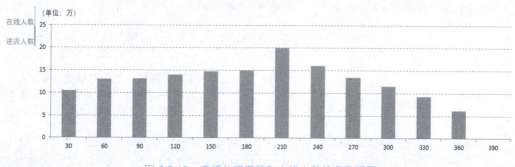

图 6.2.12　直播的观看数和在线人数情况数据图

　　图 6.2.12 为某直播间的一场直播的观看数和在线人数情况数据图，请分析该图数据，回答下列问题：

　　（1）观看数在直播多长时间后达到最大值，最大值是多少？

（2）在线人数在直播多长时间后达到最大值，最大值是多少？

（3）观看数与在线人数有什么关系？正相关、负相关还是没有关系？

□ 知识窗

1. 数据分析的方法

直播数据分析常用的两种分析方法有：对比分析法和异常点诊断。

● 对比分析法：指的是将两个或两个以上的数据进行比较，分析它们的差异，从而揭示这些数据所代表的事物发展变化情况和规律性。特点是简单、直观、量化。

● 异常点诊断：指的是在一个时期内连续的数据中有一个拐点，主要从某些突发事件、政策因素等外部因素分析其原因。

2. 对比分析法

（1）对比分析法的类型

对比分析法可分为静态比较和动态比较两类。

静态比较：是指在同一时间条件下对不同总体指标的比较，如不同部门、不同国家之间的比较，也叫横向比较，简称横比。

动态比较：是指在同一总体条件下对不同时期指标数值的比较，也叫纵向比较，简称纵比。

（2）对比分析法的应用

对比分析法的分析标准有以下三个维度。

①不同的时间周期对比：即选择不同时间的指标作为对比标准，主要有环比与同比两种，具体内容见表 6.2.5。

表 6.2.5　环比与同比的区别

对比分析法	含义	例子	作用
环比	与前一时期的数据进行对比。	2020 年 1 月与 2020 年 2 月对比。	了解相邻时间周期内的数据是进步了或是退步了，以便及时分析原因。
同比	与上一年的同期数据进行对比。	2020 年 1 月与 2019 年 1 月对比。	主要消除季节变动的影响，用以说明本期发展水平与去年同期发展水平对比而达到的相对发展速度。

②不同的空间指标对比：即在同一个时间周期内选择不同空间指标数据进行比较。

a. 与相似空间比较，如与同级单位、部门、地区对比，找出自身与同级别部门的差距或优势，分析自身的发展方向。

b. 与优势空间比较，如与优秀企业、标杆部门、行业领袖进行对比，了解自身的发展在行业内所处的位置，存在哪些不足，确立发展目标。

③不同的计划标准对比。与计划标准对比即与计划数、定额数、目标数对比。如与全年计划目标、活动计划目标对比，通过对比了解自身的发展进度和完成率，分析目标完成的预期和策略是否需要调整。

3.异常点诊断

数据异常主要从两个大方向进行诊断：一是数据是否有问题，二是业务是否有问题。针对这两个方向，可以将数据异常诊断分为以下几个步骤：

①判断数据是不是真的异常：a.查看数据准确性，是否有登记错误等；b.将时间轴拉长，查看是近期异常还是历史异常；c.该指标关联的其他指标或其他核心指标是否也异常。

②如果数据是真的异常，考虑相关因素影响，如假期、节日、热点、活动、政策等影响，还有系统故障、业务逻辑更改等突发因素。

③针对上面发现的异常原因进行验证，用数据验证假设。

4.数据分析操作步骤

步骤 1：绘制数据分析表。

根据直播目标和店铺需求，利用 Ecxel 软件绘制数据分析表（见表 6.2.6）。

步骤 2：登记及统计数据。

打开直播数据中心，登记数据，以及计算相关指标。

步骤 3：分析数据，找出优缺点。

对数据进行分析对比，关键看数据的变动，把表现好的数据和不好的数据标注出来（以"UV"价值为例，见表 6.2.6 突出显示的数据），然后对应该场直播回放做分析，对表现优的点提炼出来，对表现不好的点进行优化。

从表 6.2.6 中看到，转粉率一直很低，是什么原因呢？主播人设的问题吗？直播福利不够吸引？还是选品的问题？这都需要具体、详细地分析并进行一一改进。同时 3 月 4 日的平均观看时长比其他都高，又是什么原因？是直播间做了特别优惠活动吗？请了嘉宾？上了新的产品？对比之前的直播，找出提高的原因。

活动实施

🔖 **做一做**　分析直播间流量来源数据图。

从图 6.2.13 中数据分析得出：

（1）直播流量的主要来源有：_____

（2）直播流量来源最大的是_____，浏览 PV 占比是_____，浏览 UV 占比是_____。

（3）在主要的直播流量来源中，没有来自_____的流量。

（4）流量为零的时间段是：_____

☆练一练☆　分析直播数据。

步骤 1：打开淘宝直播后台，选择近期已完成的 6 场直播，完成表 6.2.7 的数据收集。

步骤 2：对数据进行分析，把表现好的和表现不好的数据分别标注，并分析原因。

步骤 3：将分析结果填入表 6.2.7 内。

表 6.2.6 直播数据分析表

序号	日期	直播标题	栏目标签	直播异常	整体概况							粉丝情况					成交情况					
					直播时长	观看量	直播间浏览次数	封面图点击率	访问用户数	平均观看时长	互动率	新增粉丝数	转粉率	粉丝回访率	粉丝浏览次数	非粉丝浏览次数	种草成交笔数	种草成交人数	种草成交金额	成交转化率	客单价	UV价值
1	3月2日	早春焕新全场活动	童装	/	4:06	4 881	10 958	4.88%	503	342.43	5.45%	25	0.51%	0.43%	8 617	2 341	136	120	18 403.27	10.74%	153.21	36.59
2	3月3日	早春焕新全场活动	童装	/	2:19	1 868	4 494	2.13%	608	392.05	3.16%	9	0.48%	0.23%	2 995	1 499	96	122	9 605.85	7.57%	78.94	15.80
3	3月4日	早春焕新全场活动	童装	/	5:35	4 698	11 848	9.19%	60	505.83	8.45%	28	0.69%	0.55%	10 062	1 786	172	61	14 039.11	11.79%	231.65	233.20
4	3月5日	早春焕新全场活动	童装	/	4:21	4 669	10 537	8.21%	351	399.91	4.71%	18	0.39%	0.52%	8 687	1 850	49	34	7 696.27	8.55%	226.63	21.93
5	3月6日	早春焕新全场活动	童装	/	4:07	4 523	10 433	6.54%	495	381.23	5.92%	23	0.51%	0.48%	8 836	1 597	79	52	15 543.77	7.47%	297.34	31.40
6	3月7日	早春焕新全场活动	童装	/	4:14	4 323	9 225	6.87%	1 932	416.11	6.13%	14	0.32%	0.67%	7 937	1 288	53	50	5 853.57	1.66%	117.12	3.03

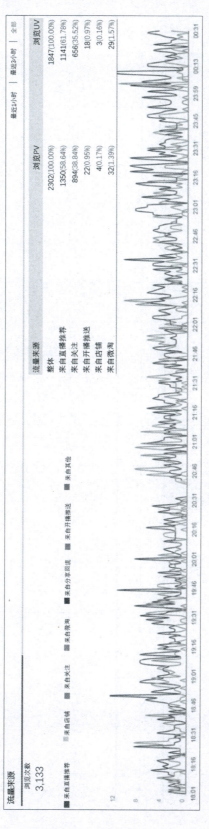

图 6.2.13　直播间流量来源数据图

表 6.2.7　直播数据统计表

序号	日期	直播标题	直播异常	整体概况						粉丝情况			成交情况			
				直播时长	观看量	观看人数	封面图点击率	访问用户数	平均观看时长（s）	互动率	新增粉丝数	转粉率	粉丝回访率	引导成交金额	成交转化率	客单价	UV价值
1																
2																
3																
4																
5																
6																
成功原因	①②③															
失败原因	①②③															

张宝他们通过理论学习和实训活动了解了直播数据分析常用的两种分析方法：对比分析法和异常点诊断。掌握如何运用这两种数据分析方法，为接下来的复盘工作起到了重要作用。

拓展阅读：教你如何利用数据复盘提升直播流量

任务3 》》》》》》》》
总结直播经验

情境设计

张宝他们通过数据分析，一方面找到了数据中反映的问题，这是客观原因；另一方面，还需要找到主观原因。张宝决定召开复盘会议，回顾整个直播过程，讨论成功与失败的成因，找到规律和经验，保证以后的直播有持续良好的效果。

任务分解

为了成功召开直播复盘会议，需要明确会议流程，准备会议资料，学习相关的复盘会议技巧，会议后要把研讨成果整理成册。

活动1　准备复盘会议

活动背景

张宝为了成功召开直播复盘会议，学习相关的复盘会议技巧和工具的运用，要求团队成员准备会议资料。

课前引入

一场高效的会议能够汇聚大家的想法，反之只会占用与会人员宝贵的时间。为了避免复盘会议出现问题，如：与会人员通知不到位、会前不知道会议内容、会议签到造假、管理人员不清楚会议室使用情况、会议效率低下、会议决议不能有效落地执行等。有必要在开会前，掌握相关的复盘会议技巧和工具。

回 知识窗

1.复盘会议成功技巧
成功主持一场复盘会议，要做好会议前、会议中、会议后三个方面的准备。
（1）会议前
在复盘前，我们需要注意以下 6 个关键事项：
①明确参会人员能参会，负责人一定要全程参与，除了负责人必须参加外，所有相关人员最好全部参加，必要时也可邀请客户参与。
②环境必须是封闭式的，保证在讨论的时候，声音不会很轻易地传到外边，尽量营造一

③尽量营造一种轻松、愉悦的氛围。可事先准备一些零食、水果、咖啡让大家轻松表达。

④务必事先预约好复盘地点，而不是临时寻找。

⑤时间也是一个关键的要素。应事先和每位参会人员约定好具体的时间，以确保大家都能顺利参加，同时也可使大家对会议有所期待和准备。

⑥准备会议资料。一般简短的复盘会议是负责人准备资料，而主题复盘则需要与各部门负责人商量，列出准备清单，提前发一些复盘的作业，让大家协助准备。

（2）会议中

在复盘会议过程中，复盘负责人应熟练掌握一些基本的行动学习与沟通的工具和方法，如团队共创法、头脑风暴法等，在不同的场合选择适当的工具和方法。同时，要注意的是复盘会议时间的控制。

（3）会议后

在复盘后，要做的工作主要是协助推进和落实。复盘责任人要确保的不仅是复盘过程的顺利实施，同时要确保复盘结果的落地。复盘责任人要能够协助部分负责人一起，就计划制订、任务跟踪、事后访谈以及相关技术咨询等方面做好辅助工作。

2. 直播复盘工具

直播复盘的工具有人机料法环、团队共创法及五问法，如图6.3.1所示。

图 6.3.1　直播复盘工具

（1）人机料法环

在直播活动过程中的管理属于现场管理，因此可以参考现场管理的"人、机、料、法、环"五个因素，进行全面总结。

第一是"人"，对直播过程中涉及人的因素进行总结，包括主播、助理、场控、技术等。

第二是"机"，对直播硬件设施进行总结，如场地的布置、直播手机的性能、电池的耐用程度、道具的尺寸设计等。

第三是"料"，主要指直播台词、直播环节设置、直播互动玩法、直播开场与收尾方法等提前设计好的内容是否有效发挥、有无未考虑到的环节而导致现场混乱等。

第四是"法"，对直播前的方案正文、直播脚本等进行总结，尤其是重新评估方案脚本是否具有实际指导价值。

第五是"环"，主要是现场声音清晰度、灯光亮度、现场屏幕流畅度等环境方面。

（2）团队共创法

团队共创法是一种使群体能够迅速达成共识的促动技术。团队共创法分为5个步骤，如图6.3.2所示。

图 6.3.2　团队共创法的步骤

①聚焦主题。明确本次研讨需要回答的问题是什么。在复盘中，在评估结果之后，首先结合人机料法环来聚焦每一个主题。比如，从"人"的角度去思考，销售业绩下滑和哪些人有关系，分别是怎样的关系等。然后，再从"机"的角度去分析销售业绩下滑与资源投入的关系，以此类推，直至几个因素全部分析完毕。最后，去聚焦造成业绩下滑的主要原因。

②集体讨论。这个环节要求每个人都要认真地思考，并积极地提出自己的想法和意见。

每个人把自己的想法写在便笺纸上，每张便笺纸写一条，尽可能多地写出你对某一问题的看法。

③分类排列。当每个人都提出了自己的想法之后，接下来就要对自己的想法进行阐述。同时，需要将同类型的想法进行梳理合并。

④提取思想。这个环节，主持人需要带领参与者去发现每列卡片共同表达的是什么，隐藏在不同想法背后的真正含义是什么，然后提取中心词。

⑤总结归纳。这一环节是把每列的新想法结构化的过程，通过创造出一个合适的图像来反映各列新想法之间的关系，确定在问题解决过程中不同新想法所起到的作用。

（3）五问法

"五问法"是探索问题原因的方法。对一个问题点连续以 5 个"为什么"来自问，直到问题的根源被确定下来。在应用此分析法时，可以不限定只做 5 个"为什么"的探讨，有时候可能只需要 3 个，而有时也许要 10 个。

"五问法"实际上是一种通过连续提问来确定问题发生的根本原因的方法，关键所在是避开主观的假设和逻辑陷阱，通过原因调查，沿着因果关系链条顺藤摸瓜，穿越不同的抽象层面，挖出问题的根本原因。

"五问法"的经典案例——某汽车公司机器故障。

问题一：为什么机器停了？答案一：因为机器超载，保险丝烧断了。

问题二：为什么机器会超载？答案二：因为轴承的润滑不足。

问题三：为什么轴承会润滑不足？答案三：因为润滑泵失灵了。

问题四：为什么润滑泵会失灵？答案四：因为它的轮轴耗损了。

问题五：为什么润滑泵的轮轴会耗损？答案五：因为杂质跑到里面去了。经过连续五次不停地问"为什么"，该汽车公司才得以找到问题的真正原因和解决方法——在润滑泵上加装滤网。如果没有这五连问，可能只是简单地换个保险丝了事，那可能会造成很大的损失。

活动实施

✏️ **做一做**　复盘一场公益直播，分析其优缺点。

步骤 1：4 人为一组，通过网络搜索一场公益带货直播，观看并分析这场直播活动。

步骤 2：复盘该整场的直播过程，分析其优点和不足。

步骤 3：将讨论结果填入下面横线处，完成后派一名代表分享小组观点。

（1）直播优点：_____

（2）直播不足：_____

★议一议★　运用团队共创法，对直播中的某一个问题进行研讨。

步骤 1：以 4 人为一组组建团队，选定一人为组长，准备一张空白 A3 纸，若干便利贴。

步骤 2：通过小组讨论，确定研讨的主题，将该主题写在 A3 纸上方。

步骤 3：组长将便利贴分给大家，请大家用 5 分钟的时间头脑风暴，并将对问题的思考结果写在便利贴上。每个便利贴上写 1 个，每人至少写 5 张。

步骤 4：组长收集大家的便利贴后，一边念出纸上的文字，一边将便利贴进行归类。在做分类排列的过程中，组长不要主导大家卡片应该怎么排列，他仅仅是念出卡片的内容，然后请大家一起决定应该归入哪一列或是单独成列。

步骤 5：所有卡片成列后，进入提取中心词的环节，一般从卡片最多的一列开始。中心词提取要注意：第一，中心词能够回答主题，并涵盖该列的所有想法；第二，中心词在 6 个字左右；第三，如果是回答诸如"如何"，中心词需要有动词；第四，中心词不能与该列卡片中某一张完全相同，而需要能涵盖其内容。

步骤 6：整理研讨结果，记录到表 6.3.1 中。

表 6.3.1　直播问题研讨结果

主题：＿＿＿＿＿＿＿＿＿＿				
中心词				
每列的建议				

※ 活动评价 ※

张宝他们通过理论学习和实训活动学习了复盘会议的技巧和复盘工具的运用，为接下来的直播复盘会议的成功召开起到重要作用。

活动 2　召开复盘会议

活动背景

张宝他们了解了复盘会议流程，学习了经验总结的技巧，准备好了相关的资料，接下来是组织成员召开复盘会议，并把会议结果整理为报告文档。

课前引入

复盘会议的操作必须按照一定的流程进行，可以保证复盘的进展是有序的，确保复盘能发现真正的问题，找到解决的方法。

提问：召开复盘会议要有哪些流程？

＿＿

🔲 知识窗

开展直播复盘会议主要有三个阶段，分别是会前准备、召开会议和记录整理，如图 6.3.3 所示。

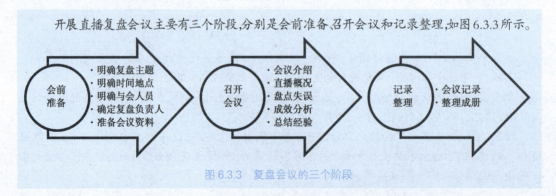

图 6.3.3　复盘会议的三个阶段

（1）会前准备

①明确复盘主题：即对什么事项进行复盘，明确复盘的目的与预期成果。

②明确时间地点：提前确定开会的时间与地点。

③明确与会人员：提前确认好参会人员，确保关键人员准时到会。

④确定复盘负责人：最好与复盘没有直接利益关系的人，且必须对复盘事项了解。

⑤准备会议资料：要指定人员对复盘会议所需的各种资料进行汇总，如计划方案、直播脚本、产品信息、数据分析报告，以及其他与目标、过程和结果相关的参考资料。

（2）召开会议

①会议介绍：简明扼要地介绍复盘会议的主题、范围，以及活动或项目的背景、分工、进度等信息，使大家信息一致，便于后续讨论。

②直播概况：关注直播大盘数据，与预期目标对比分析。

③盘点事件：回顾在直播过程中的人机料法环等方面，罗列操作过程中的关键事件。

④结果分析：通过数据分析、人员反思、团队讨论，分析成功与失败的原因。

⑤总结经验：通过第2、3点的分析，提炼出有价值的经验与教训。

（3）记录整理

整理复盘研讨成果。对关键问题的分析、提炼的经验与教训、反思发现、行动计划以及改进建议等，整理成册，便于查阅和重复使用。

活动实施

☆练一练☆ 根据直播复盘会议流程，对最近一场直播召开复盘会议，完成直播复盘会议记录表。

步骤1：组建直播复盘小组，讨论选择并任命一名小组长。

步骤2：通过小组开会，确定直播复盘主题，小组长根据成员情况进行分工。

步骤3：组长组织召开复盘会议，参会人员积极发言讨论，记录人按表6.3.2进行记录。

表6.3.2 直播复盘会议记录表

主题：	
时间	
地点	
主持人	
记录人	
参会人	
直播概况	
盘点事件	
分析原因	
总结经验	

🎤 说一说

提升直播间活跃度以及粉丝留存率有哪些策略?

_____

_____

※ 活动评价 ※

张宝他们成功召开了复盘会议,分析了直播效果不佳的原因,总结了规律教训,为以后的直播开展积累经验。

拓展阅读:如何做好营销活动复盘

合作实训

实训名称: 扶贫助农直播项目——召开直播复盘会议

实训背景: 张宝他们进行了一段时间扶贫助农直播后,发现效果不是很理想,销售业绩一直比较低,需要分析其原因并制定策略。

实训目的: 复盘直播过程,找出问题,分析原因,总结经验教训,提升直播技能,提高直播效益。

实训过程:

步骤1:组建直播复盘小组,选出一名小组长。

步骤2:通过小组开会,确定直播复盘主题,明确复盘前的准备工作,小组长根据成员情况进行分工,任务分工见表6.3.3。

表6.3.3 直播复盘任务分工表

序号	工作任务	成员	团队职位	成果形式
1	组织和主持会议,准备好会议流程,结束后对会议研讨结果进行整理	( )	负责人	会议议程 会议总结报告
2	提前整理好复盘内容	( )	参会人员	问题分析表
3	对相关直播数据进行分析	( )	数据分析员	数据分析报告
4	会议记录	( )	记录人	会议记录

步骤3:根据制定的复盘主题,明确复盘的项目内容,做好会议计划。

步骤4:数据分析员对复盘的直播数据进行分析,完成数据分析表(见表6.3.4);其他参会人员提前整理思路,完成问题分析表(见表6.3.5)。

表 6.3.4 直播复盘数据分析表

序号	日期	直播标题	直播异常	整体概况						粉丝情况			成交情况			
				直播时长	观看量	观看人数	封面图点击率	访问用户数	平均观看时长/s	互动率	新增粉丝数	转粉率	粉丝回访率	引号成交金额	成交转化率	客单价	UV价值
1																	
2																	
3																	
4																	
5																	
6																	
数据波动情况																	
分析表现好的原因																	
分析表现不好的原因																	

表 6.3.5　复盘问题分析表

目标				
结果				
分析			问题	对策
	人			
	机			
	料			
	法			
	环			

步骤 5：组长根据议程组织进行复盘会议，参会人员积极发言讨论，记录人进行记录。

步骤 6：整理出会议总结报告（见表 6.3.6），得出结果并付诸行动。

表 6.3.6　直播复盘会议总结报告

主题：			
负责人：		时间：	
参会人员：			
一、回顾目标			
二、盘点事件			
做得好的事件			
做得不好的事件			
三、分析原因			
成功原因			
失败原因			
四、总结经验			
经验规律			
行动	开始做		
	继续做		
	停止做		

实训小结：通过此次直播复盘会议，小组成员掌握了直播复盘会议的流程和直播复盘的数据分析方法，懂得分析直播问题，学会复盘会议总结，为今后的学习和就业打下理论基础和技能准备。

项目总结

本项目是直播电商运营的重要活动之一。通过本项目的学习，同学们掌握了直播复盘的概念、意义、类型、流程和内容，了解了直播复盘的数据分析指标，掌握直播复盘工具的使用方法，同时通过实践开展直播复盘会议，提升复盘工作技能和素养，为今后的学习和就业打下理论基础和技能准备。在直播复盘实训活动中强化了学生客观求实的学习态度，培养了学生精益求精的敬业精神，激发了学生技能助农的公益意识。

项目检测

1.判断题（正确的打"√"，错误的打"×"）

（1）若某场直播超额完成预定的目标，则无须进行复盘。　　　　　　　（　　）

（2）直播复盘就是简单地对直播过程进行反思。　　　　　　　　　　（　　）

（3）直播大盘能查看有关开播、流量、观看、转粉、成交五方面数据。（　　）

（4）客单价 = 销售额 / 成交笔数。　　　　　　　　　　　　　　　（　　）

（5）PV 越高代表直播间的访客数越多。　　　　　　　　　　　　　（　　）

2.单项选择题（每题只有一个正确答案，请将正确的答案填在括号中）

（1）（　　　）主要是给各位主播提供每场直播实时数据的产品，主播可以根据实时数据的变化及时了解直播效果和进行直播调整。

　　　A.直播诊断　　　B.智能数据助理　　　C.货品分析　　　D.用户分析

（2）下面哪个不是淘宝直播的数据产品?（　　　）

　　　A.直播诊断　　　B.用户分析　　　C.货品分析　　　D.直播分析

（3）以下公式不正确的是（　　　）。

　　　A.封面图点击率 = 直播频道页内封面图点击次数 / 封面图曝光次数

　　　B.转粉率 = 互动用户数 / 直播间访问用户数

　　　C.互动率 = 互动用户数 / 直播间访问用户数

　　　D.UV 价值 = 直播销售额 / 直播访客数

（4）（　　　）反映的是直播间用户的变化情况，让主播和商家更好地分析直播间用户的波动、特征和进行优化。

　　　A.直播诊断　　　B.用户分析　　　C.货品分析　　　D.直播分析

（5）以下不是分析直播用户指标的是（　　　）。

　　　A.累计粉丝数　　　B.粉丝回访率　　　C.封面图点击率　　　D.直播间新增粉丝数

3.多项选择题（每题有两个或两个以上的正确答案，请将正确的答案填在括号中）

（1）直播复盘数据分析主要指标有（　　　）。

　　　A.观看量　　　B.销售额　　　C.转粉率　　　D.转化率

(2)直播复盘的类型包括(　　　)。

    A.单场直播复盘　　　B.产品直播复盘　　　C.个人直播复盘　　　D.主题直播复盘

(3)直播经验总结的技巧有(　　　)。

    A.人机法料环　　　　B.五问法　　　　　　C.团队共创法　　　　D.个别讨论法

(4)直播复盘常用的数据分析方法有(　　　)。

    A.五问法　　　　　　B.对比分析法　　　　C.异常点诊断法　　　D.创新法

(5)淘宝直播的数据产品类型有(　　　)。

    A.实时直播支持　　　B.直播专项分析　　　C.下播诊断分析　　　D.团队数据分析

4.简述题

(1)简述什么是直播复盘。

(2)简述为什么要进行直播复盘。

(3)简述如何进行直播复盘。

(4)简述团队共创法的五个步骤。

(5)简述成功开展直播复盘会议的技巧。

项目 7
普法篇：规范直播电商行为

项目综述

直播电商是在开放的互联网环境中进行的商务活动。相对于传统的电子商务，直播改变了交易的环境和手段，同时也带来一些挑战，例如直播营销人员言行失当、利用未成年人直播牟利、平台主体责任履行不到位、虚假宣传和数据造假、假冒伪劣商品频现、消费者维权取证困难等问题。为了保护新业态的发展，多个平台自觉发起了自律公约，国家相关部门已经陆续出台相关的法律法规，作为直播行业的从业人员，应该知法守法，严格遵守行业规范。

张宝、黄东、林多和袁讯在十点钟文化传媒工作室参与直播运营项目已有一段时间了，遇到几次产品因为违规无法上架直播间和受到平台警告等问题，为了不再"触雷"，张宝他们决定详细梳理与直播相关的法律法规，以及提升自身的职业道德素养，为成为一名传播"正能量"的直播从业人员做好准备。

项目目标

通过本项目的学习，应达到的具体目标如下：

知识目标

◇了解直播电商的基础法律法规内容

◇了解直播电商的职业道德修养准则

◇熟悉直播电商平台的运营规则

能力目标

◇掌握我国直播电商的立法情况

◇能分辨违法、违规的直播行为

◇能规范自身及团队的直播行为

素质目标

◇强化学生社会责任感

◇培育学生正确的就业观和人生观

◇提升学生从事直播电商的职业道德素养

◇培养学生正确的社会主义法制观

▣ 项目思维导图

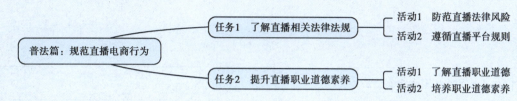

任务1 ⟫⟫⟫⟫⟫⟫
了解直播相关法律法规

情境设计

最近某直播间销售假燕窝事件引起了热议，有消费者质疑该直播间销售的"燕窝"是"糖水"，随后，职业打假人发布了检测报告，直指该直播间所售的即食燕窝产品"就是糖水"。事件发酵后，相关市场监督管理部门介入调查，调查结果是：在此次燕窝销售过程中，涉事直播公司存在引人误解的商业宣传行为，其行为违反了《中华人民共和国反不正当竞争法》第八条第一款的规定。根据《中华人民共和国反不正当竞争法》的规定，市场监管部门拟对其作出责令停止违法行为、罚款90万元的行政处罚。此外，该直播间账号被禁60天。

在企业跟岗实践的同学们对这一事件展开了激烈的讨论：都有哪些法律法规规范着直播带货？哪些直播行为可能触犯法律法规？作为直播带货从业人员，我们要如何防范直播面临的法律风险？

任务分解

直播从业人员面临的法律法规问题主要来源于我国相关法律规定以及直播平台规则，知法才能守法，因此本任务分解为防范直播法律风险及遵循直播平台规则两个活动。

活动1 防范直播法律风险

活动背景

通过直播间销售假燕窝事件可以看到：如果直播中存在引人误解的商业宣传行为，则触犯了《中华人民共和国反不正当竞争法》，不仅公司会受到相应的处罚，其主播的声誉也会受到严重的损害。张宝认为工作室的成员都应该多了解与直播相关的法律法规，为直播设立红线行为，避免违法而不自知。

课前引入

🔎搜一搜　2021 年 4 月发布的《网络直播营销管理办法（试行）》，了解该办法所依据的法律有哪些？

1《中华人民共和国网络安全法》	2
3	4
5	

📖知识窗

近几年来，国家有关部门制定出台了一系列与直播相关的法律法规。

1.《互联网直播服务管理规定》（2016 年）

2016 年 11 月 4 日，国家互联网信息办公室发布《互联网直播服务管理规定》（以下简称《规定》）。《规定》共二十条，于 2016 年 12 月 1 日开始施行。《规定》要求提供互联网直播服务，应当遵守法律法规，坚持正确导向，大力弘扬社会主义核心价值观，培育积极健康、向上向善的网络文化，维护良好网络生态，维护国家利益和公共利益，为广大网民特别是青少年成长营造风清气正的网络空间。

《规定》首次明确提出了"双资质、先审后发、主播实名认证、互动管理、来源可溯、即时阻断"等与互联网直播直接相关的法规（见图 7.1.1）。

一图读懂《互联网直播服务管理规定》

双资质
互联网直播服务提供者、互联网直播发布者提供互联网新闻信息服务的，应当依法取得互联网新闻信息服务资质。

先审后发
互联网直播服务提供者应当建立直播内容审核平台，对直播及其互动内容实施先审后发管理。

互动管理
互联网直播发布者：在进行直播时，应当提供符合法律法规要求的直播内容，自觉维护直播活动秩序。

实名认证
互联网直播发布者：进行基于身份证件、营业执照、组织机构代码证等的认证登记。

来源可溯
转载新闻信息应当完整准确，不得歪曲新闻信息内容，并在显著位置注明来源，保证新闻信息来源可追溯。

即时阻断
互联网直播服务提供者应当具备与其服务相适应的技术条件，应当具备即时阻断互联网直播的技术能力，技术方案应符合国家相关标准。

图 7.1.1　《互联网直播服务管理规定》关键词解读

2.《市场监管总局关于加强网络直播营销活动监管的指导意见》（2020 年）

2020 年 11 月 6 日，国家市场监督管理总局印发《关于加强网络直播营销活动的指导意见》（国市监广〔2020〕175 号，以下简称《意见》）。《意见》出台，明确在网络直播营销活动中相关主体的法律责任，特别是明确在直播营销活动中网络平台和网络直播者的法律责任和义务，对指导基层执法和促进行业规范具有十分重要的意义（见图 7.1.2）。

3.《网络直播营销管理办法（试行）》（2021 年）

2021 年 4 月 23 日，国家互联网信息办公室、公安部、商务部、文化和旅游部、国家税务总局、国家市场监督管理总局、国家广播电视总局等七部门联合发布《网络直播营销管理办法（试行）》（以下简称《办法》），自 2021 年 5 月 25 日起施。

《办法》将从事直播营销活动的直播发布者细分为直播间运营者和直播营销人员，明确年龄限制和行为红线，对直播间运营者和直播营销人员相关广告活动、线上线下直播场所、商品服务信息核验、虚拟形象使用、与直播营销人员服务机构开展商业合作等方面提出具体要求。

《办法》强调，直播营销平台应当积极协助消费者维护合法权益，提供必要的证据等支持。直播间运营者、直播营销人员应当依法依规履行消费者权益保护责任和义务，不得故意拖延或者无正当理由拒绝消费者提出的合法、合理要求。

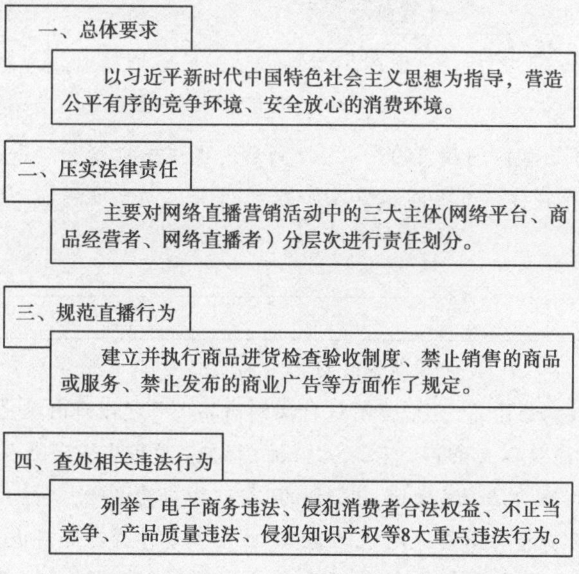

图 7.1.2　《意见》主要内容和特点

活动实施

【案例分析】为了防范直播的法律风险，张宝马上着手查找哪些法律监管着直播产业，收集一些直播违法的案例，总结出在直播中有哪些行为可能触犯法律。

步骤 1：收集与直播相关的法律法规条文，并阅读。包括《网络直播营销管理办法（试行）》《中华人民共和国网络安全法》《中华人民共和国电子商务法》《中华人民共和国广告法》《中华人民共和国反不正当竞争法》《网络信息内容生态治理规定》等。

步骤2：认真阅读《网络直播营销管理办法（试行）》第三章（第十七条至第二十五条），第三章是直接与直播间运营者和直播营销人员相关的法律条文，对照相关条例，收集违法案例进行分析。

例1：某直播间销售的燕窝产品，被指"就是糖水"（见图7.1.3），这一行为是否违法？为什么？

分析：在此次燕窝销售过程中，涉事直播公司存在让人误解的商业宣传行为，属于《网络直播营销管理办法（试行）》中提到的8条红线行为之一，同时也违反了《中华人民共和国反不正当竞争法》第八条第一款的规定。

图7.1.3　关于"燕窝事件"的漫画

例2：张某购买了某直播间销售的手机，收到后发现该手机疑为二手翻新机，遂发起退货，申请退货期间收到多个声称该直播间客服人员电话，客服人员态度恶劣，使用恐吓语言，这一行为是否违法？为什么？

分析：首先，《中华人民共和国消费者权益保护法》第二十五条规定：经营者采用网络、电视、电话、邮购等方式销售商品，消费者有权自收到商品之日起七日内退货，且无须说明理由。客服不允许退货就涉嫌违反以上条例。其次，"骚扰、诋毁、谩骂及恐吓他人，侵害他人合法权益"属于《网络直播营销管理办法（试行）》中提到的8条红线行为之一。

例3：某直播间以直播体育赛事解说为噱头，吸引大量体育爱好者成为其粉丝。有时该直播间会把体育赛事直播画面呈现在直播间，再配以主播解说；有时由主播拿着手机录制正在直播的体育赛事，这一行为是否违法？为什么？

分析：很多大型赛事会对转播进行授权，如某平台在2015年以5亿美元获得了篮球赛事未来5年的独家网络直播权，以各种形式进行盗播都涉嫌违反赛事版权保护的相关条例。

步骤3：用思维导图总结直播行为规范（见图7.1.4）。

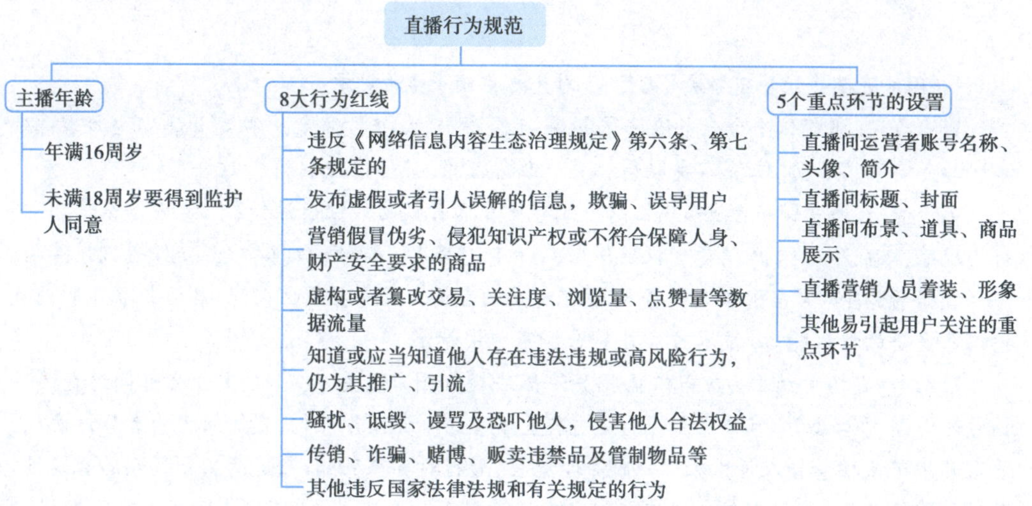

图 7.1.4 直播行为规范

※ 活动评价 ※

张宝认真地研读了与直播相关的几部法律法规，与直播直接相关的有《网络直播营销管理办法(试行)》《互联网直播服务管理规定》等，这些法规又是根据《中华人民共和国网络安全法》《中华人民共和国电子商务法》《中华人民共和国广告法》和《中华人民共和国反不正当竞争法》等法律所制定。作为直播行业的从业人员都应该多了解与直播相关的法律法规，为直播设立红线行为，避免违法而不自知。

活动 2　遵循直播平台规则

活动背景

张宝他们在参与直播运营项目过程中，遇到因违规无法上架商品的情况，经分析后发现是因为使用了"全场最低价"用语。企业导师说：这和直播营销平台应负的法律责任有关。依据国家相关法律法规，直播营销平台制定了具体的执行规范，这就是"平台规则"。

作为在平台中进行营销活动的直播营销人员，需熟悉平台规则，与平台一起维护网络市场秩序，促进新业态健康有序发展。于是，张宝他们一起就平台规则进行梳理、消化，并严格执行。

课前引入

明确几个名称的定义：
- 直播营销平台：＿＿＿＿＿＿＿＿＿＿＿＿＿＿＿＿＿＿＿＿＿＿＿＿＿＿＿
- 直播间运营者：＿＿＿＿＿＿＿＿＿＿＿＿＿＿＿＿＿＿＿＿＿＿＿＿＿＿＿
- 直播营销人员：＿＿＿＿＿＿＿＿＿＿＿＿＿＿＿＿＿＿＿＿＿＿＿＿＿＿＿
- 直播营销人员服务机构：＿＿＿＿＿＿＿＿＿＿＿＿＿＿＿＿＿＿＿＿＿＿
＿＿＿＿＿＿＿＿＿＿＿＿＿＿＿＿＿＿＿＿＿＿＿＿＿＿＿＿＿＿＿＿＿＿＿

⊡ 知识窗

1.《网络直播营销管理办法（试行）》对直播营销平台的规定有：

第五条　直播营销平台应当依法依规履行备案手续，并按照有关规定开展安全评估。从事网络直播营销活动，依法需要取得相关行政许可的，应当依法取得行政许可。

第六条　直播营销平台应当建立健全账号及直播营销功能注册注销、信息安全管理、营销行为规范、未成年人保护、消费者权益保护、个人信息保护、网络和数据安全管理等机制、措施。

直播营销平台应当配备与服务规模相适应的直播内容管理专业人员，具备维护互联网直播内容安全的技术能力，技术方案应符合国家相关标准。

第七条　直播营销平台应当依据相关法律法规和国家有关规定，制定并公开网络直播营销管理规则、平台公约。直播营销平台应当与直播营销人员服务机构、直播间运营者签订协议，要求其规范直播营销人员招募、培训、管理流程，履行对直播营销内容、商品和服务的真实性、合法性审核义务。直播营销平台应当制定直播营销商品和服务负面目录，列明法律法规规定的禁止生产销售、禁止网络交易、禁止商业推销宣传以及不适宜以直播形式营销的商品和服务类别。

第八条　直播营销平台应当对直播间运营者、直播营销人员进行基于身份证件信息、统一社会信用代码等真实身份信息认证，并依法依规向税务机关报送身份信息和其他涉税信息。直播营销平台应当采取必要措施保障处理的个人信息安全。直播营销平台应当建立直播营销人员真实身份动态核验机制，在直播前核验所有直播营销人员身份信息，对与真实身份信息不符或按照国家有关规定不得从事网络直播发布的，不得为其提供直播发布服务。

第九条　直播营销平台应当加强网络直播营销信息内容管理，开展信息发布审核和实时巡查，发现违法和不良信息，应当立即采取处置措施，保存有关记录，并向有关主管部门报告。直播营销平台应当加强直播间内链接、二维码等跳转服务的信息安全管理，防范信息安全风险。

第十条　直播营销平台应当建立健全风险识别模型，对涉嫌违法违规的高风险营销行为采取弹窗提示、违规警示、限制流量、暂停直播等措施。直播营销平台应当以显著方式警示用户平台外私下交易等行为的风险。

第十一条　直播营销平台提供付费导流等服务，对网络直播营销进行宣传、推广，构成商业广告的，应当履行广告发布者或者广告经营者的责任和义务。

直播营销平台不得为直播间运营者、直播营销人员虚假或者引人误解的商业宣传提供帮助、便利条件。

第十二条　直播营销平台应当建立健全未成年人保护机制，注重保护未成年人身心健康。网络直播营销中包含可能影响未成年人身心健康内容的，直播营销平台应当在信息展示前以显著方式作出提示。

第十三条　直播营销平台应当加强新技术新应用新功能上线和使用管理，对利用人工智能、数字视觉、虚拟现实、语音合成等技术展示的虚拟形象从事网络直播营销的，应当按照有关规定进行安全评估，并以显著方式予以标识。

第十四条　直播营销平台应当根据直播间运营者账号合规情况、关注和访问量、交易量和金额及其他指标维度，建立分级管理制度，根据级别确定服务范围及功能，对重点直播间运营者采取安排专人实时巡查、延长直播内容保存时间等措施。直播营销平台应当对违反法律法规和服务协议的直播间运营者账号，视情采取警示提醒、限制功能、暂停发布、注销账号、禁止重新注册等处置措施，保存记录并向有关主管部门报告。

2. 直播营销平台规则的发布途径

一般直播营销平台会通过用户服务协议、公开发布的《某某平台管理规则》等途径公布平台规则。目前，直播行业发展迅速，法律法规正逐步完善，平台规则处于多变期。作为直播营销人员，如果不及时了解平台规则以及其变更条款，很可能会影响正常的营销活动，严重的可能会影响主播的职业生涯（如被列入失信"黑名单"）。如抖音平台有《抖音用户服务协议》明确规定了用户的内容规范、行为规范；如淘宝直播平台有《淘宝平台管理规则》，明确列出了违规处理一览表（见图 7.1.5）。

违规类型	分类	具体情形	违规处理		
发布危害信息	发布敏感信息	敏感信息：根据现行法律法规，危害国家及社会安全的信息包括但不限于以下内容：①反对宪法确定的基本原则；②危害国家统一、主权和领土完整；③泄露国家秘密、危害国家安全或者损害国家荣誉和利益；④煽动民族仇恨、民族歧视，破坏民族团结，或者侵害民族风俗、习惯；⑤破坏国家宗教政策，宣扬邪教、迷信；⑥散布谣言，扰乱社会秩序，破坏社会稳定；⑦宣扬赌博、暴力、凶杀、恐怖、自虐或者教唆犯罪；⑧煽动非法集会、结社、游行、示威、聚众扰乱社会秩序；⑨含有法律、行政法规和国家规定禁止的其他内容。	主播	主播阿里创作平台账户扣分	互动参与用户
			情节轻微：①警告并下线直播；②删除直播内容；③直播权限冻结 7 天。	5 分/次	①删除违规信息；②永久关闭淘宝直播评论功能。
			情节一般：①警告并下线直播；②删除直播内容；③直播权限冻结 30 天。	10 分/次	
			情节严重：①警告并下线直播；②删除直播内容；③账户清退且不允许再入驻。	40 分/次	

图 7.1.5　《淘宝直播平台管理规则》违规处理一览表（节选）

活动实施

【制作手册】为了熟悉直播营销平台的规则，张宝带领直播间组员们一起搜索所在平台所有关于"直播行为规范"的通告，然后进行梳理，做成手册供大家随时对照。

步骤 1：登录所在的直播营销平台，查找所有关于"直播行为规范"的通告。如抖音平台，则可以从《"抖音"用户服务协议》（见图 7.1.6）中收集到抖音平台对于用户的行为规范以及信息内容的使用规范等。

> "抖音"用户服务协议
>
> **更新日期：2022年07月06日**
>
> **生效日期：2022年07月07日**
>
> **1.导言**
>
> 欢迎您使用"抖音"软件及相关服务！
>
> **"抖音"软件及相关服务**，系指北京微播视界科技有限公司及其关联方（以下简称"公司"）合法拥有并运营的、标注名称为"抖音"的客户端应用程序**（包括抖音火山版、抖音极速版、多闪、抖音旗下生活社区-可颂、抖音音乐版-汽水音乐、简化版等关联版本）**以及相关网站（www.douyin.com）向您提供的产品与服务，包括但不限于个性化音视频推荐、网络直播、发布信息、互动交流、搜索查询等核心功能及其他功能。《"抖音"用户服务协议》（以下称"本协议"）是您与公司就您下载、安装、注册、登录、使用（以下统称"使用"）"抖音"软件，并获得"抖音"软件提供的相关服务所订立的协议。

图 7.1.6 抖音用户服务协议

步骤 2：对收集到的信息进行整理，做成《平台规则自查手册》，并随时更新。

平台规则自查手册

一、设置规范

1.不要一个手机切换登录不同抖音号，做到一机一卡一号。

2.不要花钱去互粉、互赞、刷粉、刷赞，没有任何意义，还会被平台降权。

3.不要过于频繁地发布作品，会被平台判定为营销号，每天最多2～3个，发布作品之间最好间隔几小时。

4.账号昵称、头像、个性签名、主页背景图等都不能出现违规内容。

5.新号粉丝没有上万时，不要在个人签名中留微信、电话等任何联系方式，更换了文字的也不行（如薇♥、围脖、扣扣等）。

6.不要发布大量低质量、方向混乱的作品，抖音不是朋友圈，乱发一气只会造成平台不给流量。

7.视频里不要出现任何品牌的 Logo。

二、用语规范（节选）

禁止使用极限用语：

1.严禁使用国家级、世界级、最高级、第一、唯一、首个、首选、顶级、国家级产品、填补国内空白、独家、首家、最新、最先进、第一品牌、金牌、名牌、优秀、顶级、独家、全网销量第一、全球首发、全国首家、全网首发、世界领先、顶级工艺、王牌、销量冠军、第一（No1\Top1）、极致、永久、王牌、掌门人、领袖品牌、独一无二、绝无仅有、史无前例、万能等。

2.严禁使用最高、最低、最、最具、最便宜、最新、最先进、最大程度、最新技术、最先进科学、最佳、最好、最新科学、最先进加工工艺、最时尚、最受欢迎、最先等含义相同或近似的绝对化用语。

3. 严禁使用绝对值、绝对、大牌、精确、超赚、领导品牌、领先上市、巨星、著名、奢侈、世界、全国十大品牌之一等无法考证的词语。

4. 严禁使用 100%、国际品质、高档、正品、国家级、世界级、最高级、最佳等虚假或无法判断真伪的夸张性表述词语。

5. 禁止使用时限用语（略）

6. "点击链接"词语（略）

7. 刺激消费词语（略）

8. 其他禁用语（略）

三、内容规范

禁止发布违法信息、搬运盗用的信息、不良价值观、危害未成年人身心健康的内容。

※ 活动评价 ※

张宝他们整理了《平台规则自查手册》后，发现非常好用。大家在准备脚本、内容材料、设置直播间时都会对照自查，避免了被平台封号的风险。企业导师还要求大家经常了解平台发布的公告，及时更新共享自查手册的内容。

拓展阅读:《网络直播营销管理办法（试行）》

任务2 》》》》》》》》》
提升直播职业道德素养

情境设计

企业导师趁着大家对直播的法律法规进行热烈讨论之际，又向同学们提出一个问题：是不是所有不违规的直播行为就是好的呢？林多说："当然不是，我了解过，有些网络主播为了吸引粉丝关注，在直播时炫富，或未经允许偷拍别人。这些行为打了平台规则的擦边球，却宣扬了不正确的价值观，违背道德。"企业导师表示赞同："林多说到了点子上。想要直播行业积极向上发展，除了法律法规护航，还需要我们从业者们遵守一定的职业道德。自律才能飞得更高更远。"

任务分解

直播是一个新业态，网络主播、直播场控、直播助理等也是新的职业。每个职业都应遵循一定的职业道德，本任务分解为了解直播行业的职业道德，以及培养职业道德素养。

活动1　了解直播职业道德

活动背景

| 企业导师安排由林多主持本次任务,带领大家一起了解直播从业人员应该遵守哪些职业道德。

课前引入

　　了解职业道德的含义,广义的职业道德是指从业人员在职业活动中应该遵循的行为准则,涵盖了从业人员与服务对象、职业与职工、职业与职业之间的关系。狭义的职业道德是指在一定职业活动中应遵循的、体现一定职业特征的、调整一定职业关系的职业行为准则和规范。

🔲 知识窗

　　1. 社会主义职业道德

　　《中共中央关于加强社会主义精神文明建设若干问题的决议》规定了各行各业都应共同遵守职业道德的五项基本规范,即"爱岗敬业、诚实守信、办事公道、服务群众、奉献社会"。其中,为人民服务是社会主义职业道德的核心规范,它是贯穿于全社会共同的职业道德之中的基本精神。

　　社会主义职业道德的基本原则是集体主义,集体主义是正确处理国家、集体、个人关系的最根本的准则,也是衡量个人职业行为和职业品质的基本准则,是社会主义社会的客观要求,是社会主义职业活动获得成功的保证。

　　2. 职业道德准则

　　2020年,人力资源社会保障部联合市场监管总局、国家统计局正式向社会发布一批新职业,"互联网营销师"是其中九个新职业之一,并在"互联网营销师"职业下增设"直播销售员"工种。"直播销售员"也就是我们常说的"带货主播",其成为新工种前发展迅速,但由于相关法律法规还不完善,直播带货出现了不少违规现象,有些带货主播只追求人气,完全不考虑社会公序良俗,也不承担任何责任,消费者维权艰难。

　　我国每个行业都有职业道德准则,如《中国播音主持人职业道德准则》《会计师职业道德准则》《药剂师职业道德准则》。这些准则都有着鲜明的职业特点。"直播销售员"成为新工种后,相信很快会出台相应的《职业道德准则》。

活动实施

　　【案例分析】了解直播从业人员应该遵守的职业道德。

　　步骤1:讨论以下案例,网络主播应该遵守什么样的职业道德?

　　案例:2019年冬季,三亚大东海景区出现越来越多的网络主播在沙滩进行直播,旺季时竟多达200多人。部分网络主播曾在直播中搭讪中外游客,对路人进行低俗言语挑逗,未经许可擅自拍摄游客,深夜仍声嘶力竭地演唱,把音箱、话筒、电脑等设备搬到景区,乱搭设直播场地。

　　《三亚市2020年元旦春节暨旅游旺季综合整治工作方案》特别提出,加强对大东海景区直播现场的监督管理(图 7.2.1 为三亚大东海海滩竖立的"直播文明公约")。严厉打击骚扰游客路人、对路人进行低俗言语挑逗与路人进行骚扰类身体接触以及未经路人同意强行跟踪拍摄等行为。整治活动后，不文明直播的情况大有好转。

图 7.2.1　三亚大东海海滩竖立的"主播文明公约"

步骤 2：结合社会主义职业道德，总结直播从业人员的职业道德（见图 7.2.2）。

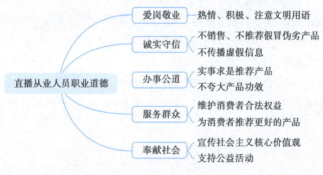

图 7.2.2　直播从业人员职业道德

※ 活动评价 ※

　　张宝他们从案例中了解了直播从业人员应该遵守的职业道德，任何一个行业，再好的技术，再完美的规章，都无法取代人自身的素质和责任心。各行各业都有其必须遵守的职业道德，不能因为个人私欲而失去底线，丧失底线很可能断送自身的职业生涯。

活动 2　培养职业道德素养

活动背景

　　企业导师说：主播的人格魅力对直播间的成败有很大的影响。张宝他们对这句话很是认同。有些直播间换了主播后粉丝数剧降，随着主播人格魅力的增强，粉丝才会慢慢涨回来。这个主播的"人格魅力"就是主播的职业道德素养。以主播为例，我们看看如何培养自身的职业道德素养。

课前引入

你认为主播应该具备哪些方面的人格魅力？

_____

_____

□ 知识窗

> **1. 培养职业道德素养的目的**
>
> 　培养职业道德素养就是按照职业道德规范要求进行有意识、有目的的训练。培养的最终目的，就是要把职业道德原则和规范贯彻落实到职业活动之中，养成良好的职业行为习惯，做到知行合一，形成高尚的职业道德素质。
>
> **2. 培养职业道德素养的方法**
>
> 　（1）从小事做起，遵守职业道德规范
>
> 　职业道德素养的培养是一项长期的、潜移默化的行为，因此培养职业道德素养需从小事做起。在日常生活、学习中，时时事事按照规范行事，遵守校纪、班纪，养成良好的生活习惯。
>
> 　（2）重视技能训练，提高职业素养
>
> 　在专业技能学习中，努力提高自身的职业素养，是形成职业信念、遵守职业道德准则的基础。通过专业技能学习提高职业认知，从而掌握一定的职业规范。
>
> 　（3）在职业实践中，培养对职业的信念
>
> 　通过职业实践，开始熟悉职业、热爱职业，这就是职业的信念。职业的信念感越强，越能外化为职业道德行为，从而做到言行一致、表里如一，成为有职业道德的人。

活动实施

✎ 做一做　从活动1中我们总结了主播的职业道德规范，接下来，如何培养自身的职业道德素养呢？

步骤1：从小事做起，遵守职业道德规范。

列举在直播工作中体现了职业道德规范的行为：

（1）实事求是，不说谎，不吹嘘，不夸大其词；_____

（2）_____

（3）_____

步骤2：重视技能训练，提高职业素养。

列举可以帮助主播提升职业素养的技能训练：

（1）丰富商品知识，特别是真假鉴定知识；_____

（2）_____

（3）_____

步骤3：在职业实践中，培养对职业的正义感、热爱感、义务感、主人感、荣誉感和幸福感等情感。职业信念是职业道德知识、情感和意志的结晶，也是人们恪守职业道德的强大动力和精神

支柱。只有这样的职业道德行为，才有坚定性和永久性。

步骤 4：写下我的职业道德宣言。

我要成为 _____

_____

_____

_____

宣誓人：_____

※ 活动评价 ※

张宝、黄东、林多和袁讯都立下了自己的职业道德宣言，坚决成为一名传播正能量的直播从业人员，未来致力于为大众带来丰富的、性价比高的商品和服务，让大家的生活变得更加美好。

拓展阅读：洪灾蹭热度，主播无下限

合作实训

实训名称： 直播普法小品

实训背景： 张宝、黄东、林多和袁讯了解了直播的法律法规以及职业道德后，接到了工作室任务，排演一场普法小品，给学校电子商务专业的师生观看，向他们普及相关法律法规知识。

实训目的： 向电子商务专业学生普及直播相关的法律法规知识。

实训过程：

张宝、黄东、林多和袁讯需要排演一场普法小品，他们决定以案件重现的形式表演，有趣生动。

步骤 1：罗列直播间常见的违规行为，以及这些行为违反的条例。

步骤 2：设计剧情，例如剧情为某直播间在直播中屡屡违规，每次受到处罚后都说坚决不违规，但又在其他地方违规，最终导致了严重的后果。最后得出"都是不知法惹的祸"的结论。

步骤 3：制作脚本，邀请企业导师对脚本的严谨性进行检查、纠正。

步骤 4：分角色排演。

步骤 5：演出，总结。

实训小结： 张宝他们希望通过小品告诉大家，不懂法、不知法，就很有可能违法而不自知。要想把握直播这个新兴业态带来的红利，就要遵纪守法、恪守职业道德。

项目总结

本项目是对直播技能学习的一个升华。通过本项目的学习，学生了解了直播电商相关的法律法规、直播平台规则以及直播电商的职业道德规范。法律法规与职业道德是保护行业健康发展、规范从业人员从业行为的两把利器，他们促进了互联网直播行业健康有序发展，同时也规范了行业各主体的权利与责任。作为直播行业的从业者更应该知法守法，通过个人修养、技能学习、实践应用等途径培养自身的职业道德素质，提高职业素养。我们应当树立正确的社会主义法治观，随着我国相关法律法规的不断完善，一定能维护直播产业的持续发展。

项目检测

1. 判断题（正确的打"√"，错误的打"×"）

(1)《中华人民共和国反不正当竞争法》与直播无关。 （　　　）

(2)《互联网直播服务管理规定》于 2020 年开始施行。 （　　　）

(3)具有资质的直播发布者转载新闻信息应当完整准确，不得歪曲新闻信息内容，并在显著位置注明来源，保证新闻信息来源可追溯。 （　　　）

(4)互联网直播发布者必须进行基于身份证件、营业执照、组织机构代码证等的认证登记。 （　　　）

(5)直播营销人员或者直播间运营者为自然人的，应当年满十八周岁。 （　　　）

2. 单项选择题（每题只有一个正确答案，请将正确的答案填在括号中）

(1)《互联网直播服务管理规定》共（　　　）条，于 2016 年 12 月 1 日开始施行。

　　A.二十　　　　　　B.二十五　　　　　C.三十　　　　　　D.一百

(2)直播中存在引人误解的商业宣传行为，触犯了以下哪部法律？（　　　）

　　A.《中华人民共和国网络安全法》　　　　B.《中华人民共和国电子商务法》

　　C.《中华人民共和国广告法》　　　　　　D.《中华人民共和国反不正当竞争法》

(3)为直播营销人员从事网络直播营销活动提供策划、运营、经纪、培训等的专门机构是（　　　）。

　　A.直播营销平台　B.直播间运营者　C.直播营销人员　D.直播营销人员服务机构

(4)社会主义职业道德的核心规范是（　　　）。

　　A.爱岗敬业　　　　B.诚实守信　　　　　C.办事公道　　　　D.为人民服务

(5)在直播间演唱未经许可的歌曲，并获得打赏，可能触犯以下哪部法律？（　　　）

　　A.《中华人民共和国网络安全法》　　　　B.《中华人民共和国电子商务法》

　　C.《中华人民共和国广告法》　　　　　　D.《中华人民共和国著作权法》

3. 多项选择题（每题有两个或两个以上的正确答案，请将正确的答案填在括号中）

(1)《网络直播营销管理办法（试行）》所依据的法律包括（　　　）。

　　A.《中华人民共和国网络安全法》　　　　B.《中华人民共和国电子商务法》

　　C.《中华人民共和国广告法》　　　　　　D.《中华人民共和国反不正当竞争法》

(2)网络直播营销活动中的三大主体包括（　　　）。

　　A.网络平台　　B.商品经营者　　C.网络直播者　　D.直播发布者

(3)一般直播营销平台会通过哪些途径公布平台规则？（　　　）

　　A.用户服务协议　B.关于我们　C.文明直播公约　D.《平台管理规则》

(4)以下属于极限用语的有（　　　）。

　　A.世界级　　　　B.最高级　　　　　C.全民免单　　　　D.第一

(5)作为一名直播从业人员，以下哪些行为应当杜绝？（　　　）

　　A.发布虚假信息　　B.篡改交易数据　C.恐吓他人　　D.贩卖违禁品

4. 简述题

(1)简述《网络直播营销管理办法（试行）》所规定的直播营销行为 8 条红线。

(2)简述直播从业人员应当遵守的职业道德规范。

参考文献

[1] 刘东明.直播电商全攻略[M].北京:人民邮电出版社,2020.

[2] 易昌良.直播电商实战一本通[M].北京:人民邮电出版社,2021.

[3] 杨浩.直播电商2.0[M].北京:机械工业出版社,2020.

[4] 勾俊伟,张向南,刘勇.直播营销[M].北京:人民邮电出版社,2020.

[5] 郑强.复盘思维[M].北京:人民邮电出版社,2019.

[6] 李京京,王莉红.新媒体营销[M].北京:人民邮电出版社,2019.

[7] 隗静秋,廖晓文,肖丽辉.短视频与直播运营 策划 制作 营销 变现(视频指导版)[M].北京:人民邮电出版社,2020.

[8] 徐骏骅,陈郁青,宋文正.直播营销与运营 微课版[M].北京:人民邮电出版社,2021.

"十四五"职业教育国家规划教材

商务软文写作（第2版）
主编：唐汉邦
书号：978-7-5689-0979-2

网络广告制作精选案例（第2版）
主编：李浩明
书号：978-7-5624-8579-7

网上开店（第3版）
主编：欧阳俊
书号：978-7-5624-9770-7

网店美工实战（第2版）
主编：孙　令
书号：978-7-5689-2184-8

直播电商基础（第2版）
主编：彭　军
书号：978-7-5689-2966-0

网店运营综合实战
主编：吴　成　王　薇
书号：978-7-5689-2965-3

网店视觉营销设计与制作
主编：叶丽芬
书号：978-7-5689-2964-6

跨境电子商务实务
主编：李晓燕
书号：978-7-5689-2980-6

未完，待续……